Couvertures supérieure et inférieure manquantes

LA

MAISON A VAPEUR

LES VOYAGES EXTRAORDINAIRES

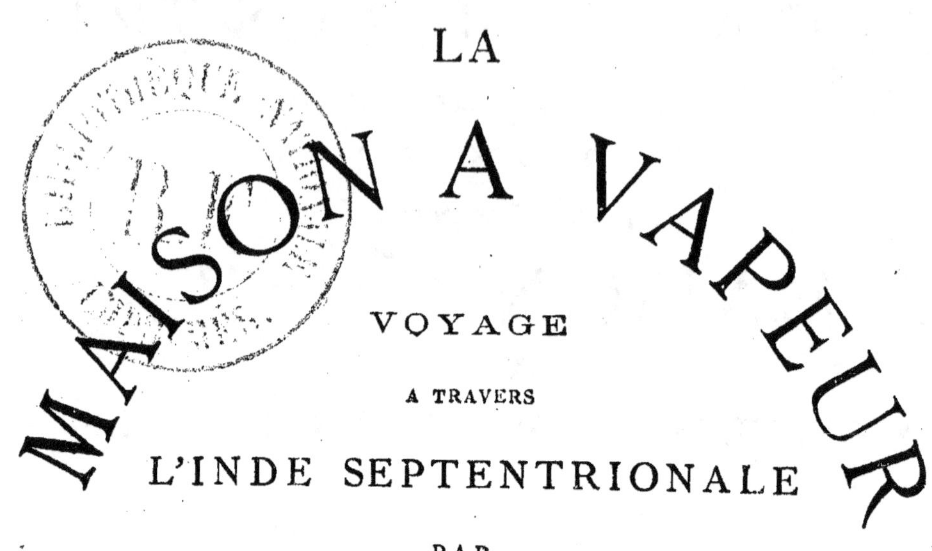

LA MAISON A VAPEUR

VOYAGE

A TRAVERS

L'INDE SEPTENTRIONALE

PAR

JULES VERNE

PREMIÈRE PARTIE

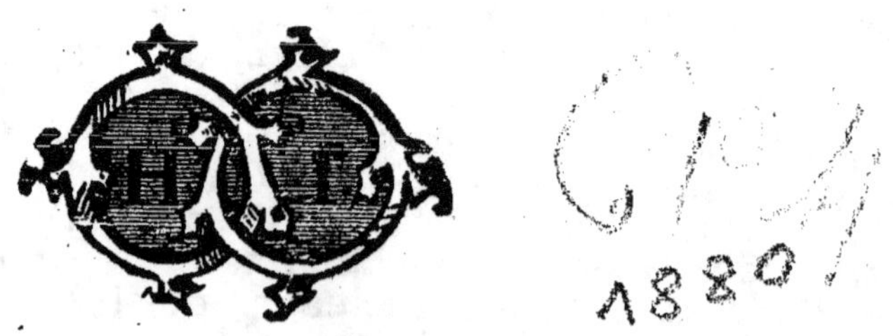

BIBLIOTHÈQUE
D'EDUCATION ET DE RÉCRÉATION
J. HETZEL ET Cie, 18, RUE JACOB
PARIS

LA

MAISON A VAPEUR

VOYAGE

A TRAVERS L'INDE SEPTENTRIONALE

PREMIÈRE PARTIE

CHAPITRE I

UNE TÊTE MISE A PRIX

« Une prime de deux mille livres est promise à quiconque livrera, mort ou vif, l'un des anciens chefs de la révolte des Cipayes, dont on a signalé la présence dans la présidence de Bombay, le nabab Dandou-Pant, plus connu sous le nom de... »

Telle est la notice que les habitants d'Aurungabad pouvaient lire dans la soirée du 6 mars 1867.

Le dernier nom, — un nom exécré, à jamais maudit des uns, secrètement admiré des autres, — manquait à celle de ces notices qui avait été récemment affichée sur la muraille d'un bungalow en ruines, au bord de la Doudhma.

Si ce nom manquait, c'est que l'angle inférieur de l'affiche où il était imprimé en grosses lettres venait d'être déchiré par la main d'un faquir, que personne n'avait pu apercevoir sur cette rive alors déserte. Avec ce nom avait également disparu le nom du gouverneur général de la présidence de Bombay, contresignant celui du vice-roi des Indes.

Quel avait donc été le mobile de ce faquir ? En lacérant cette notice, espérait-il que le révolté de 1857 échapperait à la vindicte publique et aux conséquences de l'arrêt pris contre sa personne? Pouvait-il croire qu'une si terrible célébrité s'évanouirait avec les fragments de ce bout de papier réduit en poussière?

C'eût été folie.

En effet, d'autres affiches, répandues à profusion, s'étalaient sur les murs des maisons, des palais, des mosquées, des hôtels d'Aurungabad. De plus, un crieur parcourait les rues de la ville, lisant à haute voix l'arrêté du gouverneur. Les habitants des plus infimes bourgades de la province savaient déjà que toute une fortune était promise à quiconque livrerait ce Dandou-Pant. Son nom, inutilement anéanti, allait courir avant douze heures la présidence tou entière. Si les informations étaient exactes, si le nabab avait réellement cherché refuge en cette partie de l'Indoustan, nul doute qu'il ne tombât sous peu entre des mains fortement intéressées à en opérer la capture.

A quel sentiment avait donc obéi ce faquir, en lacérant une affiche, tirée déjà à plusieurs milliers d'exemplaires?

A un sentiment de colère, sans doute, — peut-être aussi à quelque pensée de dédain. Quoi qu'il en soit, après avoir haussé les épaules, il s'enfonça dans le quartier le plus populeux et le plus mal habité de la ville.

On appelle Dekkan cette large portion de la péninsule indienne comprise entre les Ghâtes occidentales et les Gâthes de la mer du Bengale. C'est le nom communément donné à la partie méridionale de l'Inde, en deçà du Gange. Ce Dekkan, dont le nom sanscrit signifie « Sud », compte, dans les présidences de Bombay et de Madras, un certain nombre de provinces. L'une des principales est la province d'Aurungabad, dont la capitale fut même autrefois celle du Dekkan tout entier.

Au XVIIe siècle, le célèbre empereur mongol Aureng-Zeb transporta sa cour dans cette ville, qui était connue aux premiers temps de l'histoire de l'Indoustan sous le nom de Kirkhi. Elle possédait alors cent mille habitants. Aujourd'hui, elle n'en a plus que cinquante mille, sous la domination des Anglais, qui l'administrent pour le compte du Nizam d'Haiderabad. Cependant, c'est une des cités les plus saines de la péninsule, épargnée jusqu'ici par le redoutable choléra asiatique, et que ne visitent même jamais les épidémies de fièvres, si redoutables dans l'Inde.

Aurungabad a conservé de magnifiques restes de son ancienne splendeur. Le palais du Grand Mogol, élevé sur la rive droite de la Doudhma, le mausolée de la sultane favorite de Shah Jahan, père d'Aureng Zeb, la mosquée copiée sur l'élégant Tadje d'Agra, qui dresse ses quatre minarets autour d'une coupole gracieusement arrondie, d'autres monuments encore, artistement bâtis, richement ornés, attestent la puissance et la grandeur du plus illustre des conquérants de l'Indoustan, qui porta ce royaume, auquel il joignit le Caboul et l'Assam, à un incomparable degré de prospérité.

Bien que, depuis cette époque, la population d'Aurungabad eût été considérablement réduite, comme il a été dit, un homme pouvait facilement se cacher encore au milieu des types si variés qui la composent. Le faquir, vrai ou faux, mêlé à tout ce populaire, ne s'en distinguait en aucune façon. Ses semblables foisonnent dans l'Inde. Ils forment avec les « sayeds » une corporation de mendiants religieux, qui demandent l'aumône, à pied ou à cheval, et savent l'exiger, lorsqu'on ne la fait pas de bonne grâce. Ils ne dédaignent pas non plus le rôle de martyrs volontaires, et jouissent d'un grand crédit dans les basses classes du peuple indou.

Le faquir dont il s'agit était un homme de haute taille, ayant plus de cinq pieds neuf pouces anglais. S'il avait dépassé la quarantaine, c'était d'un an ou deux, tout au plus. Sa figure rappelait le beau type maharatte, surtout par l'éclat de ses yeux noirs, toujours en éveil; mais on eût difficilement retrouvé les traits si fins de sa race sous les mille trous de petite vérole qui lui criblaient les joues. Cet homme, encore dans toute la force de l'âge, paraissait souple et robuste. Signe particulier, un doigt lui manquait à la main gauche. Avec sa chevelure teinte en rouge, il allait à demi nu, sans chaussures aux pieds, un turban sur la tête, à peine couvert d'une mauvaise chemise de laine rayée, serrée à sa ceinture. Sur sa poitrine apparaissaient en couleurs vives les emblèmes des deux principes conservateur et destructeur de la mythologie indoue, la tête de lion de la quatrième incarnation de Vishnou, les trois yeux et le trident symbolique du farouche Siva.

Cependant, une émotion réelle et bien compréhensible agitait les rues d'Aurungabad, plus particulièrement celles dans lesquelles se pressait la population cosmopolite des bas quartiers. Là, elle fourmillait hors des masures qui lui servent de demeures. Hommes, femmes, enfants, vieillards, Européens ou indigènes, soldats des régiments royaux ou des régiments natifs, mendiants de toutes sortes, paysans des environs, s'abordaient, causaient, gesticulaient, commentaient la notice, supputaient les chances de gagner l'énorme prime promise par le gouvernement. La surexcitation des esprits n'aurait pas été plus vive devant la roue d'une loterie dont le gros lot aurait valu deux mille livres. On peut même ajouter que, cette fois, il n'était personne qui ne pût prendre un bon billet : ce billet, c'était la tête de Dandou-Pant. Il est vrai qu'il fallait être assez chanceux pour rencontrer le nabab, et assez audacieux pour s'emparer de sa personne.

Le faquir, — évidemment le seul entre tous que ne surexcitât pas l'espoir de gagner la prime, — filait au milieu des groupes, s'arrêtant parfois, écoutant ce qui se disait, en homme qui pourrait peut-être en faire son profit. Mais s'il ne se mêlait point aux propos des uns et des autres, si sa bouche restait muette, ses yeux et ses oreilles ne chômaient pas.

« Deux mille livres pour découvrir le nabab ! s'écriait celui-ci, en levant ses mains crochues vers le ciel.

— Non pour le découvrir, répondait celui-là, mais pour le prendre, ce qui est bien différent !

— En effet, ce n'est point un homme à se laisser capturer sans se défendre résolûment !

— Mais ne disait-on pas dernièrement qu'il était mort de la fièvre dans les jungles du Népaul ?

— Rien de tout cela n'est vrai ! Le rusé Dandou-Pant a voulu se faire passer pour mort, afin de vivre avec plus de sécurité !

— Le bruit avait même couru qu'il avait été enterré au milieu de son campement sur la frontière !

— Fausses obsèques, pour donner le change ! »

Le faquir n'avait pas sourcillé en entendant affirmer ce dernier fait d'une façon qui n'admettait aucun doute. Cependant, son front se plissa involontairement, lorqu'il entendit un Indou, — l'un des plus surexcités du groupe auquel il s'était mêlé, — donner les détails suivants, détails trop précis pour ne pas être véridiques :

« Ce qui est certain, disait l'Indou, c'est qu'en 1859, le nabab s'était réfugié avec son frère Balao Rao et l'ex-rajah de Gonda, Debi-Bux-Singh, dans un camp, au pied d'une des montagnes du Népaul. Là, pressés de trop près par les troupes anglaises, tous trois résolurent de franchir la frontière indo-chinoise. Or, avant de la passer, le nabab et ses deux compagnons, afin de mieux accréditer le bruit de leur mort, ont fait procéder à leurs propres funérailles ; mais ce qu'on a enterré d'eux, c'est uniquement un doigt de leur main gauche, qu'ils se sont coupé au moment de la cérémonie.

— Et comment le savez-vous? demanda l'un des auditeurs à cet Indou, qui parlait avec tant d'assurance.

— J'étais présent aux funérailles, répondit l'Indou. Les soldats de Dandou-Pant m'avaient fait prisonnier, et ce n'est que six mois après que j'ai pu m'enfuir. »

Pendant que l'Indou parlait d'une manière si affirmative, le faquir ne le quittait pas du regard. Un éclair enflammait ses yeux. Il avait prudemment caché sa main mutilée sous le lambeau de laine qui lui couvrait la poitrine. Il écoutait sans mot dire, mais ses lèvres frémissaient en découvrant ses dents acérées.

« Ainsi, vous connaissez le nabab? demanda-t-on à l'ancien prisonnier de Dandou-Pant.

— Oui, répondit l'Indou.

— Et vous le reconnaîtriez sans hésiter, si le hasard vous mettait face à face avec lui?

— Aussi bien que je me reconnaîtrais moi-même!

— Alors, vous avez quelque chance de gagner la prime de deux mille livres! répliqua l'un des interlocuteurs, non sans un sentiment d'envie peu dissimulé.

— Peut-être... répondit l'Indou, s'il est vrai que le nabab ait eu l'imprudence de s'aventurer jusque dans la présidence de Bombay, ce qui me paraît bien invraisemblable!

— Et qu'y serait-il venu faire?

— Tenter, sans doute, de provoquer un nouveau soulèvement, dit un des hommes du groupe, sinon parmi les Cipayes, du moins parmi les populations des campagnes du centre.

— Puisque le gouvernement affirme que sa présence a été signalée dans la province, reprit un des interlocuteurs appartenant à la catégorie des gens qui pensent que l'autorité ne peut jamais se tromper, c'est que le gouvernement est bien renseigné à cet égard!

— Soit! répondit l'Indou. Brahma fasse que Dandou-Pant passe sur mon chemin, et ma fortune est faite ! »

Le faquir se recula de quelques pas, mais il ne perdit pas du regard l'ex-prisonnier du nabab.

Il faisait nuit noire alors, et cependant l'animation des rues d'Aurungabad ne diminuait pas. Les propos circulaient plus nombreux encore sur le compte du nabab. Ici, l'on disait qu'il avait été vu dans la ville même ; là, qu'il était loin déjà. On affirmait aussi qu'une estafette, expédiée du nord de la province, venait d'apporter au gouverneur la nouvelle de l'arrestation de Dandou-Pant. A neuf heures du soir, les mieux renseignés soutenaient qu'il était enfermé déjà dans la prison de la ville, en compagnie des quelques Thugs qui y végétaient depuis plus de trente ans, et qu'il serait pendu le lendemain, au lever du jour, sans plus de formalités, ainsi que l'avait été Tantia-Topi, son célèbre compagnon de révolte, sur la place de Sipri. Mais, à dix heures, autre nouvelle contradictoire. Le bruit se répandait que le prisonnier avait pu presque aussitôt s'évader, ce qui rendit quelque espoir à tous ceux qu'alléchait la prime de deux mille livres.

En réalité, tous ces on-dit si divers étaient faux. Les mieux renseignés n'en savaient pas plus que ceux qui l'étaient moins bien ou qui l'étaient mal.

La tête du nabab valait toujours son prix. Elle était toujours à prendre.

Cependant, l'Indou, par ce fait qu'il connaissait personnellement Dandou-Pant, était plus à même qu'aucun autre de gagner la prime. Peu de gens, surtout dans la présidence de Bombay, avaient eu l'occasion de se rencontrer avec le farouche chef de la grande insurrection. Plus au nord, et plus au centre, dans le Sindhia, dans le Bundelkund, dans l'Oude, aux environ d'Agra, de Delhi, de Cawnpore, de Lucknow, sur le principal théâtre des atrocités commises par ses ordres, les populations entières se fussent levées contre lui et l'auraient livré à la jus tice anglaise. Les parents de ses victimes, époux, frères, enfants, femmes, pleuraient encore ceux que le nabab avait fait massacrer par centaines. Dix ans écoulés, cela n'avait pu suffire à éteindre les plus légitimes sentiments de vengeance et de haine. Aussi n'était-il pas possible que Dandou-Pant eût été assez imprudent pour se hasarder dans ces provinces où son nom était voué à l'exécration de tous. Si donc, ainsi qu'on le disait, il avait repassé la frontière indo-chinoise, si quelque motif inconnu, projets d'insurrection ou autres, l'avaient engagé à quitter l'introuvable asile dont le secret échappait encore à la police anglo-indienne, il n'y avait que les provinces du

Dekkan qui pussent, avec le champ libre, lui assurer une sorte de sécurité.

On voit, cependant, que le gouverneur avait eu vent de son apparition dans la présidence, et qu'aussitôt sa tête venait d'être mise à prix.

Toutefois, il convient de faire observer qu'à Aurungabad, les gens des hautes classes, magistrats, officiers, fonctionnaires, doutaient un peu des informations recueillies par le gouverneur. Tant de fois déjà le bruit s'était répandu que l'insaisissable Dandou-Pant avait été vu et même pris! Tant de fausses nouvelles avaient circulé sur son compte, qu'une sorte de légende s'était faite sur le don d'ubiquité que possédait le nabab et sur son habileté à déjouer les plus habiles agents de la police; mais, dans le populaire, on ne doutait pas.

Au nombre des moins incrédules figurait, naturellement, l'ancien prisonnier du nabab. Ce pauvre diable d'Indou, illusionné par l'appât de la prime, animé d'ailleurs par un besoin de revanche personnelle, ne songeait qu'à se mettre en campagne, et regardait presque son succès comme assuré. Son plan était très simple. Dès le lendemain, il se proposait de faire ses offres de service au gouverneur; puis, après avoir appris exactement ce que l'on savait de Dandou-Pant, c'est-à-dire sur quoi reposaient les informations rapportées dans la notice, il comptait se rendre au lieu même où le nabab aurait été signalé.

Vers onze heures du soir, après avoir entendu tant de propos divers, qui, tout en se brouillant dans son esprit, l'affermissaient dans son projet, l'Indou songea enfin à aller prendre quelque repos. Il n'avait pas d'autre demeure qu'une barque amarrée à l'une des rives de la Doudhma, et il se dirigea de ce côté, en rêvant, les yeux à demi fermés.

Sans qu'il s'en doutât, le faquir ne l'avait pas quitté ; il s'était attaché à lui, faisant en sorte de ne pas attirer son attention, et ne le suivait que dans l'ombre.

Vers l'extrémité de ce populeux quartier d'Aurungabad, les rues étaient moins animées à cette heure. Sa principale artère aboutissait à quelques terrains vagues, dont la lisière formait l'une des rives de la Doudhma. C'était comme une sorte de désert, à la limite de la ville. Quelques attardés le franchissaient encore, non sans hâte, et rentraient dans les zones plus fréquentées. Le bruit des derniers pas se fit bientôt entendre ; mais l'Indou ne s'aperçut pas qu'il était seul à longer le bord de la rivière.

Le faquir le suivait toujours et choisissait les parties obscures du terrain, soit à l'abri des arbres, soit en frôlant les sombres murailles d'habitations en ruines semées çà et là.

La précaution n'était pas inutile. La lune venait de se lever et jetait quelques vagues lueurs dans l'atmosphère. L'Indou aurait donc pu voir qu'il était épié, et même serré de près. Quant à entendre les pas du faquir, c'eût été impossible. Celui-ci, pieds nus, glissait plutôt qu'il ne marchait. Aucun bruit ne décelait sa présence sur la rive de la Doudhma,

Cinq minutes s'écoulèrent ainsi. L'Indou regagnait, — machinalement, pour ainsi dire, — la misérable barque, dans laquelle il avait l'habitude de passer la nuit. La direction qu'il suivait ne pouvait s'expliquer autrement. Il allait en homme habitué à fréquenter chaque soir ce lieu désert; il était entièrement absorbé dans la pensée de cette démarche qu'il comptait faire le lendemain près du gouverneur. L'espoir de se venger du nabab, qui n'avait pas été tendre pour ses prisonniers, joint à l'envie féroce de gagner la prime, en faisait à la fois un aveugle et un sourd.

Aussi n'avait-il aucune conscience du danger que ses imprudents propos lui faisaient courir.

Il ne vit pas le faquir se rapprocher peu à peu de lui.

Mais, soudain, un homme bondit sur lui comme un tigre, un éclair à la main. C'était un rayon de lune qui jouait sur la lame d'un poignard malais.

L'Indou, frappé à la poitrine, tomba lourdement sur le sol.

Cependant, bien que le coup eût été porté d'un bras sûr, le malheureux n'était pas mort. Quelques mots, à demi articulés, s'échappaient de ses lèvres avec un flot de sang.

Le meurtrier se courba sur le sol, saisit sa victime, la souleva, et, mettant son propre visage en pleine lueur lunaire :

« Me reconnais-tu ? dit-il.

— Lui ! » murmura l'Indou.

Et le terrible nom du faquir allait être sa dernière parole, lorsqu'il expira dans un rapide étouffement.

Un instant après, le corps de l'Indou disparaissait dans le courant de la Doudhma, qui ne devait jamais le rendre.

Le faquir attendit que le clapotis des eaux se fût apaisé. Alors, revenant sur ses pas, il retraversa les terrains vagues, puis les quartiers où le vide commençait à se faire, et, d'un pas rapide, il se dirigea vers une des portes de la ville.

Mais cette porte, au moment où il y arrivait, on venait de la fermer. Quelques soldats de l'armée royale occupaient le poste qui en défendait l'entrée. Le faquir ne pouvait plus quitter Aurungabad, ainsi qu'il en avait eu l'intention.

« Il faut pourtant que j'en sorte, et cette nuit même... ou je n'en sortirais plus! » murmura-t-il.

Il rebroussa donc chemin, il suivit le chemin de ronde, à l'intérieur des murs, et, deux cents pas plus loin, il gravit le talus, de manière à atteindre la partie supérieure du rempart.

La crête, extérieurement, dominait d'une cinquantaine de pieds le niveau du fossé, creusé entre l'escarpe et la contrescarpe. C'était un mur à pic, sans chaînes saillantes ni aspérités propres à fournir un point d'appui. Il semblait absolument impossible qu'un homme pût se laisser glisser à la surface de son revêtement. Une corde eût sans doute permis d'en tenter la descente, mais la ceinture qui ceignait les reins du faquir ne mesurait que quelques pieds à peine et ne pouvait lui permettre d'arriver au pied du talus.

Le faquir s'arrêta un instant, jeta un regard autour de lui, et réfléchit à ce qu'il devait faire.

A la crête du rempart s'arrondissaient quelques sombres dômes de verdure, formés par le feuillage des grands arbres qui entourent Aurungabad comme d'un cadre végétal. De ces dômes s'élançaient de longues branches flexibles et résistantes, qu'il était peut-être possible d'utiliser pour atteindre, non sans grands risques, le fond du fossé.

Le faquir, dès que l'idée lui en fut venue, n'hésita pas. Il s'engagea sous un de ces dômes, et reparut bientôt, en dehors de la muraille, suspendu au tiers d'une longue branche qui pliait peu à peu sous son poids.

Dès que la branche se fut assez courbée pour frôler l'ourlet supérieur du mur, le faquir se laissa glisser lentement, comme s'il eût tenu une corde à nœuds entre ses mains. Il put ainsi descendre jusqu'à mi-hauteur de l'escarpe; mais une trentaine de pieds le séparaient encore du sol qu'il lui fallait atteindre pour assurer sa fuite.

Il était donc là, ballant, à bout de bras, suspendu, cherchant du pied quelque entaille qui pût luidonner un point d'appui.....

Soudain, plusieurs éclairs sillonnèrent l'obscurité. Des détonations éclatèrent. Le fugitif avait été aperçu par les soldats de garde. Ceux-ci avaient fait feu sur lui, mais sans le toucher. Toutefois, une balle frappa la branche qui le soutenait, à deux pouces au-dessus de sa tête, et l'entama.

Vingt secondes après, la branche se rompait, et

le faquir tombait dans le fossé... Un autre s'y fût tué, il était sain et sauf.

Se relever, remonter le talus de la contrescarpe, au milieu d'une seconde grêle de balles qui ne l'atteignirent pas, disparaître dans la nuit, ce ne fut qu'un jeu pour le fugitif.

Deux milles plus loin, il longeait, sans être aperçu, le cantonnement des troupes anglaises, casernées en dehors d'Aurungabad.

A deux cents pas de là, il s'arrêtait, il se retournait, sa main mutilée se dressait vers la ville, et de sa bouche s'échappaient ces mots :

« Malheur à ceux qui tomberont encore au pouvoir de Dandou-Pant! Anglais, vous n'en avez pas fini avec Nana Sahib! »

Nana Sahib! Ce nom de guerre, le plus redouté de ceux auxquels la révolte de 1857 avait fait une renommée sanglante, le nabab venait encore une fois de le jeter comme un suprême défi aux conquérants de l'Inde.

CHAPITRE II

LE COLONEL MUNRO

« Eh bien, mon cher Maucler, me dit l'ingénieur Banks, vous ne nous parlez point de votre voyage! On dirait que vous n'avez pas encore quitté Paris! Comment trouvez-vous l'Inde?

— L'Inde! répondis-je, mais, pour en parler avec quelque justesse, il faudrait au moins l'avoir vue.

— Bon! reprit l'ingénieur, ne venez-vous pas de traverser la péninsule de Bombay à Calcutta, et à moins d'être aveuglé...

— Je ne suis pas aveugle, mon cher Banks, mais, pendant cette traversée, j'étais aveuglé...

— Aveuglé?...

— Oui! aveuglé par la fumée, par la vapeur, par la poussière, et, mieux encore, par la rapidité du transport. Je ne veux pas médire des chemins de fer, puisque votre métier est d'en construire, mon cher Banks, mais, se calfeutrer dans le compartiment d'un wagon, n'avoir pour champ de vision que la vitre des portières, courir jour et nuit avec une vitesse moyenne de dix milles à l'heure, tantôt sur des viaducs, en compagnie des aigles ou des gypaëtes, tantôt sous des tunnels, en compagnie des mulots ou des rats, ne s'arrêter qu'aux gares, qui se ressemblent toutes, ne voir des villes que l'extérieur des murailles ou l'extrémité des minarets, passer dans cet incessant brouhaha des mugissements de la locomotive, des sifflets de la chaudière, du grincement des rails et du gémissement des freins, est-ce que c'est voyager, cela !

— Bien dit ! s'écria le capitaine Hod. Répondez à cela, si vous le pouvez, Banks ! Qu'en pensez-vous, mon colonel ? »

Le colonel, auquel venait de s'adresser le capitaine Hod, inclina légèrementla tête, et se contenta de dire :

« Je serais curieux de savoir ce que Banks va pouvoir répondre à M. Maucler, notre hôte.

— Cela ne m'embarrasse en aucune façon, répondit l'ingénieur, et j'avoue que Maucler a raison en tous points.

— Alors, s'écria le capitaine Hod, s'il en est

ainsi, pourquoi construisez-vous des chemins de fer ?

— Pour vous permettre, capitaine, d'aller en soixante heures de Calcutta à Bombay, lorsque vous êtes pressé.

— Je ne suis jamais pressé !

— Eh bien, alors, prenez le Great Trunk road, répondit l'ingénieur. Prenez-le, Hod, et allez à pied !

— C'est bien ce que je compte faire !

— Quand ?

— Quand mon colonel consentira à me suivre ans une jolie promenade de huit ou neuf cents milles à travers la péninsule ! »

Le colonel se contenta de sourire, et retomba dans une de ces longues rêveries dont ses meilleurs amis, entre autres l'ingénieur Banks et le capitaine Hod, avaient tant de peine à le tirer.

J'étais arrivé depuis un mois dans l'Inde, et, pour avoir pris le Great Indian Peninsular, qui relie Bombay à Calcutta par Allahabad, je ne connaissais absolument rien de la péninsule.

Mais mon intention était de parcourir d'abord sa partie septentrionale, au delà du Gange, d'en visiter les grandes villes, d'en étudier les principaux monuments, et de consacrer à cette exploration tout le temps qu'il faudrait pour qu'elle fût complète.

J'avais connu à Paris l'ingénieur Banks. Depuis

quelques années, nous étions liés d'une amitié qu'une intimité plus profonde ne pouvait qu'accroître. Je lui avais promis de venir le voir à Calcutta, dès que l'achèvement de la portion du Scind Punjab and Delhi, dont il était chargé, le rendrait libre. Or, les travaux venaient d'être terminés. Banks avait droit à un repos de plusieurs mois, et j'étais venu lui demander de se reposer en se fatiguant à courir l'Inde. S'il avait accepté ma proposition avec enthousiasme, cela va sans dire! Aussi devions-nous partir dans quelques semaines, dès que la saison serait devenue favorable.

A mon arrivée à Calcutta, au mois de mars 1867, Banks m'avait fait faire connaissance avec l'un de ses braves camarades, le capitaine Hod; puis, il m'avait présenté à son ami, le colonel Munro, chez lequel nous venions de passer la soirée.

Le colonel, alors âgé de quarante-sept ans, habitait une maison un peu isolée, dans le quartier européen, et, par conséquent, en dehors du mouvement qui caractérise cette ville commerçante et cette ville noire dont se compose en réalité la capitale de l'Inde. Ce quartier a été appelé quelquefois la « Cité des palais », et, en effet, les palais n'y manquent point, si toutefois cette dénomination peut s'appliquer à des habitations qui n'ont d'un palais que les portiques, les colonnes et les terrasses. Calcutta est le rendez-vous de tous les ordres architectoniques que le goût anglais met généralement à contribution dans ses cités des deux mondes.

Pour ce qui est de la demeure du colonel, c'était le « bungalow » dans toute sa simplicité, une habitation élevée sur un soubassement en briques, n'ayant qu'un rez-de-chaussée, que couvrait un toit se profilant en pyramide. Une vérandah ou varangue, supportée par de légères colonnettes, en faisait le tour. Sur les côtés, cuisines, remises, communs, formaient deux ailes. Le tout était contenu dans un jardin planté de beaux arbres et entouré de murs peu élevés.

La maison du colonel était celle d'un homme qui jouit d'une grande aisance. Son domestique était nombreux, tel que le comporte le service des familles indo-anglaises dans la péninsule. Mobilier, matériel, dispositions intérieures et extérieures, tout était bien compris, sévèrement tenu. Mais on sentait que la main d'une femme avait manqué à ces divers arrangements.

Pour la direction de son personnel de serviteurs, pour la conduite générale de sa maison, le colonel s'en remettait entièrement à l'un de ses anciens compagnons d'armes, un Écossais, « un conductor » de l'armée royale, le sergent Mac Neil, avec lequel il avait fait toutes les campagnes de l'Inde, un de ces braves cœurs qui semblent battre dans la poitrine de ceux auxquels ils se sont dévoués.

Mac Neil était un homme âgé de quarante-cinq ans, vigoureux, grand, portant toute sa barbe, comme les Écossais des montagnes. Par son attitude, sa physionomie, aussi bien que par son costume traditionnel, il était resté un highlander d'âme et de corps, bien qu'il eût quitté le service militaire en même temps que le colonel Munro. Tous deux avaient pris leur retraite depuis 1860. Mais, au lieu de retourner dans les « glens » du pays, au milieu des vieux clans de leurs ancêtres, tous deux étaient restés dans l'Inde, et vivaient à Calcutta, dans une sorte de réserve et de solitude qui veulent être expliquées.

Lorsque Banks me présenta au colonel Munro, il ne me fit qu'une recommandation :

« Ne faites aucune allusion à la révolte des Cipayes, me dit-il, et, surtout, ne prononcez jamais le nom de Nana Sahib ! »

Le colonel Edward Munro appartenait à une vieille famille d'Écosse, dont les ancêtres avaient marqué dans l'histoire du Royaume-Uni. Il comptait parmi ses ancêtres ce sir Hector Munro qui commandait l'armée du Bengale en 1760, et qui eut, précisément, à dompter un soulèvement que les Cipayes, un siècle plus tard, allaient reprendre pour leur compte. Le major Munro réprima la révolte avec une impitoyable énergie, — et n'hésita pas à faire attacher, le même jour, vingt-huit rebelles à la bouche des canons, — supplice épouvantable, souvent renouvelé pendant l'insurrection de 1857, et dont l'aïeul du colonel fut peut-être le terrible inventeur.

A l'époque où les Cipayes se révoltèrent, le colonel Munro commandait le 93e régiment d'infanterie écossais de l'armée royale. Il fit presque toute la campagne sous les ordres de sir James Outram, l'un des héros de cette guerre, celui qui mérita le nom du « Bayard de l'armée des Indes », ainsi que le proclama sir Charles Napier. Avec lui, le colonel Munro fut donc à Cawnpore; il fut de la seconde campagne de Colin Campbell, dans l'Inde; il fut du siège de Lucknow, et il ne quitta cet illustre soldat que lorsque Outram eut été nommé à Calcutta membre du conseil de l'Inde.

En 1858, le colonel sir Edward Munro était chevalier commandant de l'Étoile de l'Inde, « the Star of India (K. C. S. I.) ». Il était fait baronnet, et sa femme eût porté le titre de lady Munro[1], si, le 27 juin 1857, l'infortunée n'eût péri dans l'effroyable massacre de Cawnpore, massacre accompli sous les yeux et par les ordres de Nana Sahib.

Lady Munro, — les amis du colonel ne l'appelaient jamais autrement, — était adorée de son mari. Elle avait à peine vingt-sept ans, lorsqu'elle disparut avec les deux cents victimes de cette abominable tuerie. Mistress Orr et miss Jackson, presque miraculeusement sauvées après la prise de Lucknow, avaient survécu à leur mari, à leur père. Lady Munro, elle, n'avait pu être rendue au colonel Munro. Ses restes, confondus avec ceux de tant de victimes dans le puits de Cawnpore, il avait été impossible de les retrouver et de leur donner une sépulture chrétienne.

Sir Edward Munro, désespéré, n'eut alors qu'une pensée, une seule, retrouver Nana Sahib, que le gouvernement anglais faisait rechercher de toutes parts, et assouvir, avec sa vengeance, une sorte de soif de justicier qui le dévorait. Pour être plus libre

1. Une femme non titrée, qui épouse un baronnet ou un chevalier, prend le titre de lady devant le nom de son mari. Mais cette qualification de lady ne peut précéder le nom de baptême, car, dans ce cas, elle est uniquement réservée aux filles de pairs.

de ses actions, il prit sa retraite. Le sergent Mac Neil le suivit dans tous ses pas et démarches. Ces deux hommes, animés du même esprit, ne vivant que dans la même pensée, ne visant que le même but, se lancèrent sur toutes les pistes, relevèrent toutes les traces, mais ils ne furent pas plus heureux que la police anglo-indienne. Le Nana échappa à toutes leurs recherches. Après trois ans d'infructueux efforts, le colonel et le sergent durent suspendre provisoirement leurs investigations. D'ailleurs, à cette époque, le bruit de la mort de Nana Sahib avait couru l'Inde, et avec un tel degré de véracité, cette fois, qu'il n'y avait pas lieu de la mettre en doute.

Sir Edward Munro et Mac Neil revinrent alors à Calcutta, où ils s'installèrent dans ce bungalow isolé. Là, ne lisant ni livres ni journaux qui auraient pu lui rappeler la sanglante époque de l'insurrection, ne quittant jamais sa demeure, le colonel vécut en homme dont la vie est sans but. Cependant, la pensée de sa femme ne le quittait pas. Il semblait que le temps n'eût aucune prise sur lui et ne pût adoucir ses regrets.

Il faut ajouter que la nouvelle de la réapparition du Nana dans la présidence de Bombay, — nouvelle qui circulait depuis quelques jours, — semblait avoir échappé à la connaissance du colonel. Et cela était heureux, car il eût immédiatement quitté le bungalow.

Voilà ce que m'avait appris Banks, avant de me présenter dans cette habitation, dont toute joie était à jamais bannie. Voilà pourquoi devait être évitée toute allusion à la révolte des Cipayes et au plus cruel de ses chefs, Nana Sahib.

Deux amis seulement, — deux amis à toute épreuve, — fréquentaient assidûment la maison du colonel. C'étaient l'ingénieur Banks et le capitaine Hod.

Banks, je l'ai dit, venait de terminer les travaux dont il avait été chargé pour l'établissement du chemin de fer Great Indian Peninsular. C'était un homme de quarante-cinq ans, dans toute la force de l'âge. Il devait prendre une part active à la construction du Madras railway, destiné à relier le golfe Arabique à la baie de Benguela; mais il n'était pas probable que les travaux pussent commencer avant un an. Il se reposait donc à Calcutta, tout en s'occupant de projets divers de mécanique, car c'était un esprit actif et fécond, incessamment en quête de quelque invention nouvelle. En dehors de ses occupations, il consacrait tout son temps au colonel, auquel le liait une amitié de vingt ans. Aussi, presque toutes ses soirées se passaient-elles sous la vérandah du bungalow, dans la compagnie de sir Edward Munro et du capitaine Hod, qui venait d'obtenir un congé de dix mois.

Hod appartenait au 1er escadron de carabiniers de l'armée royale, et avait fait toute la campagne de 1857-1858, d'abord avec sir Colin Campbell dans l'Oude et le Rohilkhande, puis avec sir H. Rose dans l'Inde centrale, — campagne qui se termina par la prise de Gwalior.

Le capitaine Hod, élevé à cette rude école de l'Inde, un des membres distingués du Club de Madras, rouge-blond de cheveux et de barbe, n'avait pas plus de trente ans. Bien qu'il fût de l'armée royale, on l'eût pris pour un officier de l'armée native, tant il s'était « indianisé » pendant son séjour dans la péninsule. Il n'aurait pas été plus Indou s'il y fût né. C'est que l'Inde lui semblait être le pays par excellence, la terre promise, la seule contrée où un homme pût et dût vivre. Là, en effet, il trouvait à satisfaire tous ses goûts. Soldat de tempérament, les occasions de se battre se renouvelaient sans cesse. Chasseur émérite, n'était-il pas au pays où la nature semble avoir réuni tous les fauves de la création, et tout le gibier de poil et de plume des deux mondes? Ascensionniste déterminé, n'avait-il pas sous la main cette imposante chaîne du Thibet qui compte les plus hauts sommets du globe? Voyageur intrépide, qui l'empêchait de poser le pied là où personne ne l'avait mis encore, dans ces inaccessibles régions de la frontière himalayenne? Turfiste enragé, lui manquaient-ils, ces champs de course de l'Inde, qui valaient à ses yeux ceux de la Marche ou d'Epsom? A ce propos, même, Banks et lui étaient en parfait désaccord. L'ingénieur, en sa qualité de « mécanicien » pur sang, ne s'intéressait que très médiocrement aux prouesses hippiques des *Gladiator* et des *Fille-de-l'air*.

Un jour, même, le capitaine Hod le pressant à cet égard, Banks lui répondit que, dans son opinion, les courses ne seraient vraiment intéressantes qu'à une condition.

« Et laquelle? demanda Hod.

— C'est qu'il serait bien entendu, répondit sérieusement Banks, que le dernier arrivé des jockeys serait fusillé au poteau de départ, séance tenante.

— C'est une idée!... » répliqua simplement le capitaine Hod.

Et il eût été homme, sans doute, à courir cette chance en personne!

Tels étaient les deux commensaux assidus du bungalow de sir Edward Munro. Le colonel aimait à les entendre discuter sur toutes choses, et leurs éternelles discussions amenaient quelquefois une sorte de sourire sur ses lèvres.

Un désir commun à ces deux braves compagnons, c'était d'entraîner le colonel dans quelque voyage qui pût le distraire. Plusieurs fois, ils lui avaient proposé de partir pour le nord de la péninsule, d'aller passer quelques mois aux environs de ces « sanitarium » où la riche société anglo-indienne se réfugie volontiers pendant la saison des grandes chaleurs. Le colonel s'y était toujours refusé.

En ce qui concernait le voyage que Banks et moi nous comptions entreprendre, nous l'avions déjà pressenti à ce sujet. Ce soir même, la question fut de nouveau remise sur le tapis. On a vu que le capitaine Hod ne parlait rien de moins que de faire à pied une grande excursion dans le nord de l'Inde. Si Banks n'aimait pas les chevaux, Hod n'aimait pas le chemin de fer. Ils étaient à deux de jeu.

Le moyen terme eût été sans doute de voyager, soit en voiture, soit en palanquin, à sa guise, à ses heures, — ce qui est assez facile sur les grandes routes bien tracées et bien entretenues de l'Indoustan.

« Ne me parlez pas de vos voitures à bœufs, de vos zébus à bosses! s'écria Banks. Sans nous, vous en seriez encore à ces véhicules primitifs, dont on ne voulait déjà plus, il y a cinq cents ans, en Europe!

— Eh! Banks, riposta le capitaine Hod, cela vaut bien vos wagons capitonnés et vos Crampton! De grands bœufs blancs qui soutiennent parfaitement le galop, et qu'on change aux relais de poste de deux en deux lieues...

— Et qui traînent des espèces de tartanes à quatre roues où l'on est plus rudement secoué que ne le sont les pêcheurs dans leurs barques sur une mer démontée!

— Passe pour les tartanes, Banks, répondit le capitaine Hod. Mais n'avons-nous pas des voitures à deux, à trois, à quatre chevaux, qui peuvent rivaliser de vitesse avec vos « convois », bien dignes de porter ce nom funèbre! J'aimerais encore mieux le simple palanquin...

— Vos palanquins, capitaine Hod, de véritables bières, longues de six pieds, larges de quatre, où l'on est allongé comme un cadavre!

— Soit, Banks, mais pas de cahots, pas de secousses; on peut lire, on peut écrire, et l'on peut dormir à l'aise, sans être réveillé à chaque station!

Avec un palanquin à quatre ou six Gamals [1] bengalis, on fait encore quatre milles et demi [2] à l'heure, et, comme dans vos express impitoyables, on ne risque pas au moins d'arriver avant même d'être parti... quand on arrive!

— Le mieux, dis-je alors, serait sans doute de pouvoir emporter sa maison avec soi!

— Colimaçon! s'écria Banks.

— Mon ami, répondis-je, un colimaçon qui pourrait quitter sa coquille et y rentrer à volonté, ne serait peut-être pas tant à plaindre! Voyager dans sa maison, une maison roulante, ce sera probablement le dernier mot du progrès en matière de voyage!

— Peut-être, dit alors le colonel Munro; se déplacer tout en restant au milieu de son « home », emporter son chez-soi et tous les souvenirs qui le composent, varier successivement son horizon, modifier ses points de vue, son atmosphère, son climat, sans rien changer à sa vie... oui... peut-être!

— Plus de ces bungalows destinés aux voyageurs! répondit le capitaine Hod, où le confort laisse toujours à désirer, et dans lesquels on ne

1. Nom des porteurs de palanquins dans l'Inde.
2. Environ 8 kilomètres.

peut séjourner sans un permis de l'administration locale !

— Plus d'auberges détestables, dans lesquelles, moralement et physiquement, on est écorché de toutes les manières ! fis-je observer, non sans quelque raison.

— La voiture de saltimbanques ! s'écria le capitaine Hod, mais la voiture modernisée. Quel rêve ! S'arrêter quand on veut, partir quand cela plaît, marcher au pas si l'on aime à flâner, filer au galop pour peu qu'on y tienne, emporter non seulement sa chambre à coucher, mais son salon, sa salle à manger, son fumoir, et surtout sa cuisine et son cuisinier, voilà le progrès, ami Banks ! Cela est cent fois supérieur aux chemins de fer ! Osez me démentir, ingénieur que vous êtes, osez-le !

— Eh ! eh ! ami Hod, répondit Banks, je serais absolument de votre avis, si...

— Si ?... fit le capitaine en hochant la tête.

— Si, dans votre essor vers le progrès, vous ne vous étiez pas brusquement arrêté en route.

— Il y a donc mieux à faire encore ?

— Jugez-en. Vous trouvez la maison roulante très supérieure au wagon, même au wagon-salon, même au sleeping-car des railways. Vous avez raison, mon capitaine, si l'on a du temps à perdre, si l'on voyage pour son agrément et non pour ses affaires. Je crois que nous sommes tous d'accord à ce sujet?

— Tous! » répondis-je.

Le colonel Munro abaissa la tête en signe d'acquiescement.

« C'est entendu, répondit Banks. Bien. Je poursuis. Vous vous êtes adressé à un carrossier doublé d'un architecte, et il vous a construit votre maison roulante. La voilà, bien établie, bien comprise, répondant aux exigences d'un ami du confort. Elle n'est point trop haute, ce qui lui évitera des culbutes; elle n'est pas trop large, de manière à passer par tous les chemins; elle est ingénieusement suspendue, afin que la route lui soit facile et douce. Parfait, parfait! Elle a été fabriquée pour notre ami le colonel, je suppose. Il nous y a offert l'hospitalité. Nous allons, si vous le voulez, visiter les contrées septentrionales de l'Inde, en colimaçons, mais en colimaçons que leur queue ne rive pas inséparablement à leurs coquilles. Tout est prêt. On n'a rien oublié... pas même le cuisinier et la cuisine, si chers au cœur du capitaine. Le jour du départ est venu, on va partir! All right!... Et qui la traînera, votre maison roulante, mon excellent ami?

— Qui? s'écria le capitaine Hod, mais des mules, des ânes, des chevaux, des bœufs!...

— Par douzaines? dit Banks.

— Des éléphants! riposta le capitaine Hod, des éléphants! Voilà qui serait superbe et majestueux! Une maison traînée par un attelage d'éléphants, bien dressés, de fière allure, détalant, galopant comme les plus beaux carrossiers du monde!

— Ce serait magnifique, mon capitaine!

— Un train de rajah en campagne, mon ingénieur!

— Oui! mais...

— Mais... quoi? Il y a encore un mais! s'écria le capitaine Hod.

— Un gros mais!

— Ah! ces ingénieurs! ils ne sont bons qu'à voir des difficultés en toutes choses!...

— Et à les surmonter, quand elles ne sont pas insurmontables, répondit Banks.

— Eh bien, surmontez!

— Je surmonte, et voici comment. Mon cher Munro, tous ces moteurs, dont le capitaine a parlé, cela marche, cela traîne, cela tire, mais cela se fatigue aussi. Cela est rétif, cela s'entête, et surtout cela mange. Or, pour peu que les pâturages viennent à manquer, comme on ne peut pas remorquer cinq cents acres de prairies à sa suite, l'attelage s'arrête, s'épuise, tombe, meurt de faim, la maison roulante ne roule plus, et elle reste aussi immobile que le bungalow où nous discutons en ce moment. Il s'ensuit donc que ladite maison ne sera pratique que le jour où ce cera une maison à vapeur.

— Qui courra sur des rails! s'écria le capitaine, en haussant les épaules.

— Non, sur des routes, répondit l'ingénieur, et traînée par quelque locomotive routière perfectionnée.

— Bravo! s'écria le capitaine, bravo! Du moment que votre maison ne roulera plus sur un railway et pourra se diriger à sa fantaisie, sans suivre votre impérieuse ligne de fer, j'en suis.

— Mais, fis-je observer à Banks, si mules, ânes, chevaux, bœufs, éléphants, mangent, une machine mange aussi, et, faute de combustible, elle s'arrêtera en route.

— Un cheval-vapeur, répondit Banks, égale en force trois à quatre chevaux-nature, et cette puissance peut être accrue encore. Un cheval-vapeur n'est sujet ni à la fatigue ni à la maladie. Par tous les temps, sous toutes les latitudes, sous le soleil, sous la pluie, sous la neige, il va toujours sans jamais s'épuiser. Il n'a même pas à redouter les attaques des fauves, ni la morsure des serpents, ni la piqûre des taons et autres redoutables insectes. Il n'a besoin ni de l'aiguillon du bouvier, ni du fouet des conducteurs. Se reposer, inutile, il se passe de sommeil. Le cheval-vapeur, sorti de la main de l'homme, est, étant donné son but, et qu'on n'attend pas de lui qu'il puisse un jour être mis à la broche, supérieur à tous les animaux de trait que la Providence a mis à la disposition de l'humanité. Un peu d'huile ou de graisse, un peu de charbon ou de bois, c'est tout ce qu'il consomme. Or, vous le savez, mes amis, ce ne sont pas les forêts qui manquent dans la péninsule indienne, et le bois y appartient à tout le monde!

— Bien dit! s'écria le capitaine Hod. Hurrah pour le cheval-vapeur! Je vois déjà la maison roulante de l'ingénieur Banks, traînée sur les grandes routes de l'Inde, pénétrant à travers les jungles, s'enfonçant sous les forêts, s'aventurant jusque dans les repaires des lions, des tigres, des ours, des panthères, des guépards, et nous, à l'abri de ses murs, nous payant des hécatombes de fauves à dépiter tous les Nemrod, les Anderson, les Gérard, les Pertuiset, les Chassaing du monde! Ah! Banks, l'eau m'en vient à la bouche, et vous me faites bien regretter de ne pas avoir à naître dans quelque cinquante ans d'ici!

— Et pourquoi, mon capitaine ?

— Parce que, dans cinquante ans, votre rêve sera réalisé, et que la voiture à vapeur se fera.

— Elle est faite, répondit simplement l'ingénieur.

— Faite ! et faite par vous, peut-être ?...

— Par moi, et je ne craindrais, à vrai dire, qu'une chose pour elle, c'est qu'elle ne dépassât votre rêve...

— En route, Banks, en route ! » s'écria le capitaine Hod, qui se leva comme sous le coup d'une décharge électrique. Il était prêt à partir.

L'ingénieur le calma d'un geste ; puis, d'une voix plus grave, s'adressant à sir Edward Munro :

« Edward, lui dit-il, si je mets une maison roulante à ta disposition, si, d'ici un mois, lorsque la saison sera convenable, je viens te dire : Voilà ta chambre qui se déplacera et ira où tu voudras aller, voilà tes amis, Maucler, le capitaine Hod et moi, qui ne demandons qu'à t'accompagner dans une excursion au nord de l'Inde, me répondras-tu : Partons, Banks, partons, et que le Dieu des voyageurs nous protège !

— Oui, mes amis, répondit le colonel Munro, après avoir réfléchi un instant. Banks, je mets à ta disposition tout l'argent nécessaire. Tiens ta promesse ! Amène-nous cette idéale maison à vapeur qui dépasserait les rêves de Hod, et nous traverserons l'Inde entière !

— Hurrah ! Hurrah ! Hurrah ! s'écria le capitaine Hod, et malheur aux fauves des frontières du Népaul ! »

En ce moment, le sergent Mac Neil, attiré par les hurrahs du capitaine, parut sur la porte de l'habitation.

« Mac Neil, lui dit le colonel Munro, nous partons dans un mois pour le nord de l'Inde. Tu seras du voyage ?

— Nécessairement, mon colonel, puisque vous en êtes ! » répondit le sergent Mac Neil.

CHAPITRE III

LA RÉVOLTE DES CIPAYES.

Quelques mots feront sommairement connaître ce qu'était l'Inde à l'époque à laquelle ce récit se rattache, et plus particulièrement ce que fut cette formidable insurrection des Cipayes, dont il importe de reprendre ici les principaux faits.

Ce fut en 1600, sous le règne d'Élisabeth, en pleine race solaire, dans cette Terre Sainte de l'Aryavarta, au milieu d'une population de deux cents millions d'habitants, dont cent douze millions appartenaient à la religion indoue, que se fonda la très honorable Compagnie des Indes, connue sous le sobriquet bien anglais de « Old John Company ».

C'était, au début, une simple « association de marchands, faisant le trafic avec les Indes orientales », à la tête de laquelle fut placé le duc de Cumberland.

Vers cette époque, déjà, la puissance portugaise, après avoir été grande aux Indes, commençait à s'effacer. Aussi, les Anglais, mettant cette situation à profit, tentèrent-ils un premier essai d'administration politique et militaire dans cette présidence du Bengale, dont la capitale, Calcutta, allait devenir le centre du nouveau gouvernement. Tout d'abord, le 39e régiment de l'armée royale, expédié d'Angleterre, vint occuper la province. De là cette devise, qu'il porte encore sur son drapeau : *Primus in Indiis*.

Cependant, une compagnie française s'était fondée à peu près vers le même temps, sous le patronage de Colbert. Elle avait le même but que celui dont la Compagnie des marchands de Londres avait fait son objectif. De cette rivalité devaient naître des conflits d'intérêts. Il s'ensuivit de longues luttes avec succès et revers, qui illustrèrent les Dupleix, les Labourdonnais, les Lally-Tollendal.

Finalement, les Français, écrasés par le nombre, durent abandonner le Carnatique, cette portion de la péninsule, qui comprend une partie de sa lisière orientale.

Lord Clive, libre de concurrents, ne craignant plus rien ni du Portugal ni de la France, entreprit alors d'assurer la conquête du Bengale, dont lord

Hastings fut nommé le gouverneur général. Des réformes furent poursuivies par une administration habile et persévérante. Mais, de ce jour, la Compagnie des Indes, si puissante, si absorbante même, fut touchée directement dans ses intérêts les plus vifs. Quelques années plus tard, en 1784, Pitt apporta encore des modifications à sa charte primitive. Son sceptre dut passer entre les mains des conseillers de la Couronne. Résultat de ce nouvel ordre de choses : en 1813, la Compagnie allait perdre le monopole du commerce des Indes, et, en 1833, le monopole du commerce de la Chine.

Toutefois, si l'Angleterre n'avait plus à lutter contre les associations étrangères dans la péninsule, elle eut à soutenir des guerres difficiles, soit avec les anciens possesseurs du sol, soit avec les derniers conquérants asiatiques de ce riche domaine.

Sous lord Cornwallis, en 1784, ce fut la lutte avec Tippo Sahib, tué le 4 mai 1799, dans le dernier assaut donné par le général Harris à Séringapatam. Ce fut la guerre avec les Maharattes, ce peuple de haute race, très puissant pendant le XVIIIe siècle, et la guerre avec les Pindarris, qui résistèrent si courageusement. Ce fut encore la guerre contre les Gourgkhas du Népaul, ces hardis montagnards, qui, dans la périlleuse épreuve de 1857, devaient rester les fidèles alliés des Anglais. Enfin, ce fut la guerre contre les Birmans, de 1823 à 1824.

En 1828, les Anglais étaient maîtres, — directement ou indirectement, — d'une grande partie du territoire. Avec lord William Bentinck commença une nouvelle phase administrative.

Depuis la régularisation des forces militaires dans l'Inde, l'armée avait toujours compté deux contingents très distincts, le contingent européen et le contingent natif ou indigène. Le premier formait l'armée royale, composée de régiments de cavalerie, de bataillons d'infanterie, et de bataillons d'infanterie européenne au service de la Compagnie des Indes; le second formait l'armée native, comprenant des bataillons d'infanterie et des bataillons de cavalerie réguliers, mais indigènes, commandés par des officiers anglais. A cela, il fallait ajouter une artillerie, dont le personnel, appartenant à la Compagnie, était européen, à l'exception de quelques batteries.

Quel était l'effectif de ces régiments ou bataillons, qui sont indifféremment nommés de cette façon dans l'armée royale? Pour l'infanterie, onze cents hommes par bataillon dans l'armée du Bengale, et huit à neuf cents dans les armées de Bombay et de Madras;

pour la cavalerie, six cents sabres dans chaque régiment des deux armées.

En somme, en 1857, ainsi que l'établit avec une extrême précision M. de Valbezen dans ses *Nouvelles Études sur les Anglais et l'Inde*, ouvrage très remarqué, on pouvait « évaluer à deux cent mille hommes de troupes natives, et à quarante-cinq mille hommes de troupes européennes, le total des forces des trois présidences. »

Or, les Cipayes, tout en formant un corps régulier que commandaient des officiers anglais, n'étaient pas sans quelque velléité de secouer ce dur joug de la discipline européenne, que leur imposaient les conquérants. Déjà, en 1806, peut-être même sous l'inspiration du fils de Tippo Sahib, la garnison de l'armée native de Madras, cantonnée à Vellore, avait massacré les grand'gardes du 69e régiment de l'armée royale, incendié les casernes, égorgé les officiers et leurs familles, fusillé les soldats malades jusque dans l'hôpital. Quelle avait été la cause de cette rébellion, — la cause apparente, au moins? Une prétendue question de moustaches, de coiffure et de boucles d'oreilles. Au fond, il y avait la haine des envahis contre les envahisseurs.

Ce premier soulèvement fut promptement étouffé par les forces royales cantonnées à Ascot.

Une raison de ce genre, — un prétexte aussi, — devait également provoquer à son début le premier mouvement insurrectionnel de 1857, — mouvement bien autrement redoutable, qui eût peut-être anéanti la puissance anglaise dans l'Inde, si les troupes natives des présidences de Madras et de Bombay y eussent pris part.

Avant tout, cependant, il convient de bien établir que cette révolte ne fut pas nationale. Les Indous des campagnes et des villes, cela est certain, s'en désintéressèrent absolument. En outre, elle fut limitée aux États semi-indépendants de l'Inde centrale, aux provinces du nord-ouest et au royaume d'Oude. Le Pendjab demeura fidèle aux Anglais, avec son régiment de trois escadrons du Caucase indien. Restèrent fidèles aussi les Sikhs, ces ouvriers de caste inférieure, qui se distinguèrent particulièrement au siège de Delhi; fidèles, ces Gourgkhas, amenés au siège de Lucknow, au nombre de douze mille, par le rajah du Népaul; fidèles enfin les Maharajahs de Gwalior et de Pattyalah, le rajah de Rampore, la Rani de Bhopal, fidèles aux lois de l'honneur militaire, et, pour employer l'expression usitée par les natifs de l'Inde, « fidèles au sel ».

Au début de l'insurrection, lord Canning était à la tête de l'administration en qualité de gouverneur général. Peut-être cet homme d'État s'illusionna-t-il sur la portée du mouvement. Depuis quelques années déjà, l'étoile du Royaume-Uni avait visiblement pâli au ciel indou. En 1842, la retraite de Caboul venait diminuer le prestige des conquérants européens. L'attitude de l'armée anglaise pendant la guerre de Crimée n'avait pas été non plus, dans quelques circonstances, à la hauteur de sa réputation militaire. Aussi arriva-t-il un moment où les Cipayes, très au courant de ce qui se passait sur les bords de la mer Noire, songèrent qu'une révolte des troupes natives réussirait peut-être. Il ne fallait qu'une étincelle, d'ailleurs, pour enflammer des esprits bien préparés, que les bardes, les brahmanes, les « moulvis », excitaient par leurs prédications et leurs chants. Cette occasion se présenta dans l'année 1857, pendant laquelle le contingent de l'armée royale avait dû être quelque peu réduit sous la nécessité des complications extérieures.

Au commencement de cette année, Nana Sahib, autrement dit le nabab Dandou-Pant, qui résidait près de Cawnpore, s'était rendu à Delhi, puis à Lucknow, dans le but, sans doute, de provoquer le soulèvement préparé de longue main.

En effet, peu de temps après le départ du Nana se déclarait le mouvement insurrectionnel.

Le gouvernement anglais venait d'introduire dans l'armée native l'usage de la carabine Enfield, qui nécessite l'emploi de cartouches graissées. Un jour, le bruit se répandit que cette graisse était, soit de la graisse de vache, soit de la graisse de porc, suivant que les cartouches étaient destinées aux soldats indous ou musulmans de l'armée indigène.

Or, dans un pays où les populations renoncent à se servir même de savon, parce que la graisse d'un animal sacré ou vil peut entrer dans sa composition, l'emploi de cartouches enduites de cette substance, — cartouches qu'il fallait déchirer avec les lèvres, — devait être difficilement accepté. Le gouvernement céda en partie devant les réclamations qui lui furent faites ; mais il eut beau modifier la manœuvre de la carabine, assurer que les graisses en question ne servaient pas à la confection des cartouches, il ne rassura et ne persuada personne dans l'armée des Cipayes.

Le 24 février, à Berampore, le 34e régiment refuse les cartouches. Au milieu du mois de mars, un adjudant est massacré, et le régiment licencié, après le supplice des assassins, va porter dans les provinces voisines de plus actifs ferments de révolte.

Le 10 mai, à Mirat, un peu au nord de Delhi, les 3e, 11e et 20e régiments se révoltent, tuent leurs colonels et plusieurs officiers d'état-major, livrent la ville au pillage, puis se replient sur Delhi. Là, le rajah, un descendant de Timour, se joint à eux. L'arsenal tombe en leur pouvoir, et les officiers du 54e régiment sont égorgés.

Le 11 mai, à Delhi, le major Fraser et ses officiers sont impitoyablement massacrés par les révoltés de Mirat jusque dans le palais du commandant européen, et, le 16 mai, quarante-neuf prisonniers, hommes, femmes, enfants, tombent sous la hache des assassins.

Le 20 mai, le 26e régiment, cantonné près de Lahore, tue le commandant du port et le sergent-major européen.

Le branle était donné à ces épouvantables boucheries.

Le 28 mai, à Nourabad, nouvelles victimes parmi les officiers anglo-indiens.

Le 30 mai, dans les cantonnements de Lucknow, massacre du brigadier commandant, de son aide de camp et de plusieurs autres officiers.

Le 31 mai, à Bareilli, dans le Rohilkhande, meurtre de quelques officiers surpris, qui ne peuvent même se défendre.

A la même date, à Schajahanpore, assassinat du collecteur et d'un certain nombre d'officiers par les

Cipayes du 38e régiment, et le lendemain, au delà de Barwar, égorgement des officiers, femmes et enfants, qui s'étaient mis en route pour gagner la station de Sivapore, à un mille d'Aurungabad.

Dans les premiers jours de juin, à Bhopal, massacre d'une partie de la population européenne, et à Jansi, sous l'inspiration de la terrible Rani dépossédée, tuerie, avec des raffinements de cruauté sans exemple, des femmes et enfants réfugiés dans le fort.

Le 6 juin, à Allahabad, huit jeunes enseignes tombent sous les coups des Cipayes.

Le 14 juin, à Gwalior, révolte de deux régiments natifs et assassinat des officiers.

Le 27 juin, à Cawnpore, première hécatombe de victimes de tout âge et de tout sexe, fusillées ou noyées, — prélude de l'épouvantable drame qui allait s'accomplir quelques semaines plus tard.

A Holkar, le 1er juillet, massacre de trente-quatre Européens, officiers, femmes, enfants, pillage, incendie, et à Ugow, le même jour, assassinat du colonel et de l'adjudant du 23e régiment de l'armée royale.

Le 15 juillet, second massacre à Cawnpore. Ce jour-là, plusieurs centaines d'enfants et de femmes, — et parmi celles-ci lady Munro, — sont égorgées avec une cruauté sans égale par les ordres du Nana lui-même, qui appela à son aide les bouchers musulmans des abattoirs. Horrible tuerie, après laquelle les corps furent précipités dans un puits, resté légendaire.

Le 26 septembre, sur une place de Lucknow, maintenant appelée le « square des litières », nombreux blessés écharpés à coups de sabre et jetés encore vivants dans les flammes.

Et, enfin, tant d'autres massacres isolés, dans les villes et les campagnes, qui donnèrent à ce soulèvement un horrible caractère d'atrocité!

A ces égorgements, d'ailleurs, les généraux anglais répondirent aussitôt par des représailles, — nécessaires sans doute, puisqu'elles finirent par inspirer la terreur du nom anglais parmi les insurgés, — mais qui furent véritablement épouvantables.

Au début de l'insurrection, à Lahore, le grand-juge Montgomery et le brigadier Corbett avaient pu désarmer, sans répandre de sang, sous la bouche de douze pièces de canon, mèche allumée, les 8e, 16e, 26e et 49e régiments de l'armée native. A Moultan, les 62e et 29e régiments indigènes avaient aussi dû rendre leurs armes, sans pouvoir tenter une résistance sérieuse. De même à Peschawar, les 24e, 27e et 51e régiments furent désarmés par le brigadier S. Colton et le colonel Nicholson, au moment où la révolte allait éclater. Mais des officiers du 51e regiment ayant fui dans la montagne, leurs têtes furent mises à prix, et toutes furent bientôt rapportées par les montagnards.

C'était le commencement des représailles.

Une colonne, commandée par le colonel Nicholson, fut lancée alors sur un régiment natif, qui marchait vers Delhi. Les révoltés ne tardèrent pas à être atteints, battus, dispersés, et cent vingt prisonniers rentrèrent à Peschawar. Tous furent indistinctement condamnés à mort; mais un sur trois seulement dut être exécuté. Dix canons furent rangés sur le champ de manœuvres, un prisonnier attaché à chacune de leurs bouches, et, cinq fois, les dix canons firent feu, en couvrant la plaine de débris informes, au milieu d'une atmosphère empestée par la chair brûlée.

Ces suppliciés, suivant M. de Valbezen, moururent presque tous avec cette héroïque indifférence que les Indiens savent si bien conserver en face de la mort. « Seigneur capitaine, dit à un des officiers qui présidaient l'exécution un beau Cipaye de vingt ans, en caressant nonchalamment de la main l'instrument de mort, seigneur capitaine, il n'est pas besoin de m'attacher, je n'ai pas envie de m'enfuir. »

Telle fut cette première et horrible exécution, qui devait être suivie de tant d'autres.

Voici, d'ailleurs, l'ordre du jour qu'à cette date même, à Lahore, le brigadier Chamberlain portait à la connaissance des troupes natives, après l'exécution de deux Cipayes du 55e régiment :

« Vous venez de voir attacher vivants à la bouche des canons et mettre en pièces deux de vos camarades; ce châtiment sera celui de tous les traîtres. Votre conscience vous dira les peines qu'ils subiront dans l'autre monde. Les deux soldats ont été mis à mort par le canon et non par la potence, parce que j'ai désiré leur éviter la souillure de l'attouchement du bourreau et prouver ainsi que le gouvernement, même en ces jours de crise, ne veut rien faire qui puisse porter la moindre atteinte à vos préjugés de religion et de caste. »

Le 30 juillet, douze cent trente-sept prisonniers tombaient successivement devant le peloton d'exécution, et cinquante autres n'échappaient au dernier supplice que pour mourir de faim et d'étouffement dans la prison où on les avait renfermés.

Le 28 août, sur huit cent soixante-dix Cipayes qui fuyaient Lahore, six cent cinquante-neuf étaient impitoyablement massacrés par les soldats de l'armée royale.

Le 23 septembre, après la prise de Delhi, trois princes de la famille du roi, l'héritier présomptif et ses deux cousins, se rendaient sans conditions au général Hodson, qui les emmena avec une escorte de cinq hommes seulement au milieu d'une foule menaçante de cinq mille Indous, — un contre mille. Et cependant, à mi-route, Hodson fit arrêter le char qui portait les prisonniers, il monta près d'eux, il leur ordonna de se découvrir la poitrine, il les tua tous trois à coups de revolver. « Cette sanglante exécution, de la main d'un officier anglais, dit M. de Valbezen, devait exciter dans le Pundjab la plus haute admiration. »

Après la prise de Delhi, trois mille prisonniers périssaient par le canon ou la potence, et avec eux, vingt-neuf membres de la famille royale. Le siège de Delhi, il est vrai, avait coûté aux assiégeants deux mille cent cinquante et un Européens et seize cent quatre-vingt-six natifs.

A Allahabad, horribles boucheries humaines, faites non plus parmi les Cipayes, mais dans les rangs de l'humble population, que des fanatiques avaient presque inconsciemment entraînée au pillage.

A Lucknow, le 16 novembre, deux mille Cipayes,

passés par les armes au Sikander Bagh, jonchaient de leurs cadavres un espace de cent vingt mètres carrés.

A Cawnpore, après le massacre, le colonel Neil obligeait les condamnés, avant de les livrer au gibet, à lécher et nettoyer de leur langue, proportionnellement à leur rang de caste, chaque tache de sang restée dans la maison où les victimes avaient péri. C'était, pour ces Indous, faire précéder la mort par le déshonneur.

Pendant l'expédition dans l'Inde centrale, les exécutions des prisonniers furent continuelles, et, sous les feux de la mousqueterie, « des murs de chair humaine s'écroulaient sur la terre ! »

Le 9 mars 1858, à l'attaque de la Maison Jaune, lors du second siège de Lucknow, après une épouvantable décimation de Cipayes, il paraît constant qu'un de ces malheureux fut rôti vivant par les Sikhs sous les yeux mêmes des officiers anglais.

Le 11, cinquante corps de Cipayes comblaient les fossés du palais de la Bégum, à Lucknow, sans qu'un seul blessé eût été épargné par des soldats qui ne se possédaient plus.

Enfin, en douze jours de combats, trois mille natifs expiraient par la corde ou sous les balles, et, parmi eux, trois cent quatre-vingts fugitifs entassés dans l'île d'Hidaspe, qui s'étaient sauvés jusque dans le Cachemire.

En somme, sans tenir compte du chiffre des Cipayes qui furent tués les armes à la main, pendant cette répression impitoyable, — répression qui n'admettait pas de prisonniers, — rien que pour la campagne du Pendjab, on ne trouve pas moins de six cent vingt-huit indigènes fusillés ou attachés à la bouche des canons par ordre de l'autorité militaire, treize cent soixante-dix par ordre de l'autorité civile, trois cent quatre-vingt-six pendus par ordre des deux autorités.

Total fait, au commencement de l'année 1859, on estimait à plus de cent vingt mille le nombre des officiers et soldats natifs qui périrent, et à plus de deux cent mille celui des indigènes civils qui payèrent de leur vie leur participation, souvent douteuse, à cette insurrection. Terribles représailles contre lesquelles, non sans raison peut-être, M. Gladstone protesta avec énergie au parlement anglais.

Il était important, pour le récit qui va suivre, d'établir, de part et d'autre, le bilan de cette nécrologie. Il le fallait, pour faire comprendre au lecteur quelle haine inassouvie devait rester aussi bien au cœur des vaincus, assoiffés de vengeance, qu'à celui des vainqueurs, qui, dix ans après, portaient encore le deuil des victimes de Cawnpore et de Lucknow.

Quant aux faits purement militaires de toute la campagne entreprise contre les rebelles, ils comprennent les expéditions suivantes, qui vont être sommairement citées.

C'est d'abord la première campagne du Pendjab, qui coûta la vie à sir John Laurence.

Puis vient le siège de Delhi, cette capitale de l'insurrection, renforcée par des milliers de fugitifs, et dans laquelle Mohammed Schah Bahadour fut proclamé empereur de l'Indoustan. « Finissez-en avec Delhi! » avait impérieusement ordonné le gouverneur général dans une dernière dépêche au commandant en chef, et le siège, commencé dans la nuit du 13 juin, se terminait le 19 septembre, après avoir coûté la vie aux généraux sir Harry Barnard et John Nicholson.

En même temps, après que Nana Sahib se fut fait déclarer Peïschwah et couronner au château-fort de Bilhour, le général Havelock opérait sa marche sur Cawnpore. Il y entrait le 17 juillet, mais trop tard pour empêcher le dernier massacre et s'emparer du Nana, qui put s'enfuir avec cinq mille hommes et quarante pièces de canon.

Cela fait, Havelock entreprenait une première campagne dans le royaume d'Oude, et, le 28 juillet, il passait le Gange avec dix-sept cents hommes et dix canons seulement, se dirigeant sur Luknow.

Sir Colin Campbell, le major général sir James Outram, entraient alors en scène. Le siège de Lucknow devait durer quatre-vingt-sept jours, coûter la vie à sir Henri Lawrence et au général Havelock. Puis, Colin Campbell, après avoir été forcé de se retirer sur Cawnpore, dont il s'emparait définitivement, se préparait pour une seconde campagne.

Pendant ce temps, d'autres troupes délivraient Mohir, une des villes de l'Inde centrale, et faisaient une expédition à travers le Malwa, qui rétablissait l'autorité anglaise dans ce royaume.

Au début de l'année 1858, Campbell et Outram recommençaient une seconde campagne dans l'Oude, avec quatre divisions d'infanterie, que commandaient les majors généraux sir James Outram, sir Edward Lugar, les brigadiers Walpole et Franks. La cavalerie était sous sir Hope Grant, les armes spéciales sous Wilson et Robert Napier, — soit environ vingt-cinq mille combattants, que le maharajah du Népaul allait rejoindre avec douze mille Gourgkhas. Mais l'armée révoltée de la Bégum ne comptait pas moins de cent vingt mille hommes, et, la ville de Lucknow, sept à huit cent mille habitants. La première attaque se fit le 6 mars. A la date du 16, après une série de combats dans lesquels tombèrent le capitaine de vaisseau sir William Peel et le major Hodson, les Anglais étaient en possession de la partie de la ville située sur la Goumti. Malgré ces avantages, la Bégum et son fils résistaient encore dans le palais de Mousa-Bagh, à l'extrémité nord-ouest de Lucknow, et le Moulvi, chef musulman de la révolte, refugié au centre même de la ville, refusait de se rendre. Le 19, une attaque d'Outram, le 21, un combat heureux, confirmaient enfin aux Anglais la pleine possession de ce redoutable rempart de l'insurrection des Cipayes.

Au mois d'avril, la révolte entrait dans sa dernière phase. Une expédition était faite dans le Rohilkhande, où s'étaient portés en grand nombre les insurgés fugitifs. Bareilli, la capitale du royaume, fut tout d'abord l'objectif des chefs de l'armée royale. Les débuts ne furent pas heureux. Les Anglais subirent une sorte de défaite à Judgespore. Le brigadier Adrien Hope fut tué. Mais, vers la fin du mois, Campbell arrivait, reprenait Schah-Jahanpore, et, le 5 mai, attaquant Bareilli, il couvrait la ville de feux et s'en emparait, sans avoir pu empêcher les rebelles de l'évacuer.

Pendant ce temps, dans l'Inde centrale s'ouvraient les campagnes de sir Hugh Rose. Ce général, aux premiers jours de janvier 1858, marchait sur Saungor, à travers le royaume de Bhopal, en délivrait la garnison le 3 février, prenait le fort de Gurakota dix jours après, forçait les défilés de la chaîne des Vindhyas au col de Mandanpore, passait la Betwa, arrivait devant Jansi, défendue par onze mille révoltés, sous les ordres de la farouche Rani, l'investissait le 22 mars, au milieu d'une chaleur torride, détachait deux mille hommes de l'armée assiégeante pour barrer la route à vingt mille hommes du contingent de Gwalior, amenés par le fameux Tantia-Topi, culbutait ce chef rebelle, donnait assaut à la ville le 2 avril, forçait la muraille, s'emparait de la citadelle, d'où la Rani parvenait à s'échapper, reprenait les opérations contre le fort de Calpi, où la Rani et Tantia-Topi avaient résolu de mourir, en devenait maître le 22 mai, après un héroïque assaut, continuait la campagne à la poursuite de la Rani et de son compagnon, qui s'étaient jetés dans Gwalior, y concentrait, le 16 juin, ses deux brigades que rejoignait un renfort du brigadier Napier, écrasait les révoltés à Morar, réduisait la place le 18, et revenait à Bombay, après une campagne triomphale.

Ce fut précisément dans une rencontre d'avant-poste, devant Gwalior, que succomba la Rani. Cette redoutable reine, toute dévouée au nabab, sa plus fidèle compagne pendant l'insurrection, fut tuée de la main même de sir Edward Munro. Nana Sahib sur le cadavre de lady Munro, à Cawnpore, le colonel sur le cadavre de la Rani, à Gwalior, c'étaient là deux hommes en qui se résumait la révolte et la répression, deux ennemis dont la haine aurait des effets terribles, s'ils se retrouvaient jamais face à face!

A ce moment, on peut considérer l'insurrection comme domptée, sauf peut-être dans quelques portions du royaume d'Oude. Campbell rentre donc en campagne le 2 novembre, s'empare des dernières positions des révoltés, oblige à se soumettre quelques chefs importants. Cependant, l'un d'eux, Beni Madho, n'est pas pris. On apprend en décembre qu'il s'est réfugié dans un district limitrophe du Népaul. On affirme que Nana Sahib, Balao Rao, son frère, et la Bégum d'Oude sont avec lui. Plus tard, aux derniers jours de l'année, le bruit court qu'ils sont allés chercher asile sur la Rapti, à la limite des royaumes du Népaul et de l'Oude. Campbell les presse vivement, mais ils passent la frontière. Ce fut dans les premiers jours de février 1859 seulement qu'une brigade anglaise, dont l'un des régiments était sous les ordres du colonel Munro, put les poursuivre jusque dans le Népaul. Beni Madho est tué, la Bégum d'Oude et son fils sont faits prisonniers et obtiennent la permission de résider dans la capitale du Népaul. Quant à Nana Sahib et à Balao Rao, longtemps on les crut morts. Ils ne l'étaient pas.

Quoi qu'il en soit, la formidable insurrection était anéantie. Tantia-Topi, livré par son lieutenant Man-Singh et condamné à mort, était exécuté, le 15 avril, à Sipri. Ce rebelle, « cette figure vraiment remarquable du grand drame de l'insurrection indienne, dit M. de Valbezen, et qui donna des preuves d'un génie politique plein de combinaisons et d'audace, » mourut courageusement sur l'échafaud.

Cependant, la fin de cette révolte des Cipayes, qui eût peut-être coûté l'Inde aux Anglais, si elle se fût étendue à toute la péninsule, et surtout si le soulèvement eût été national, devait provoquer la chute de l'honorable Compagnie des Indes.

En effet, la Cour des Directeurs avait été menacée de déchéance par lord Palmerston dès la fin de l'année 1857.

Le 1er novembre 1858, une proclamation, publiée en vingt langues, annonçait que Sa Majesté Victoria Béatrix, reine d'Angleterre, prenait le sceptre de l'Inde, dont, quelques années plus tard, elle allait être couronnée impératrice.

Ce fut l'œuvre de lord Stanley. Le titre de gouverneur, remplacé par celui de vice-roi, un secrétaire d'État et quinze membres composant le gouvernement central, les membres du conseil de l'Inde pris en dehors du service indien, les gouverneurs des présidences de Madras et de Bombay nommés par la reine, les membres des services indiens et les commandants en chef choisis par le secrétaire d'État, telles furent les principales dispositions du nouveau gouvernement.

Quant aux forces militaires, l'armée royale compte aujourd'hui dix-sept mille hommes de plus qu'avant la révolte des Cipayes, soit cinquante-deux régiments d'infanterie, neuf régiments de fusiliers, et une artillerie considérable, avec cinq cents sabres par régiment de cavalerie, et sept cents baïonnettes par régiment d'infanterie. L'armée native se compose de cent trente-sept régiments d'infanterie et de quarante régiments de cavalerie ; mais son artillerie est européenne, presque sans exception.

Tel est l'état actuel de la péninsule au point de vue administratif et militaire, tel est l'effectif des forces qui gardent un territoire de quatre cent mille milles carrés.

« Les Anglais, dit justement M. Grandidier, ont été heureux de rencontrer dans ce grand et magnifique pays un peuple doux, industrieux, civilisé, et de longue date façonné à tous les jougs. Mais qu'ils y prennent garde, la douceur a ses limites, et que le joug ne soit pas écrasant, ou les têtes se redressent un jour et le brisent. »

CHAPITRE IV

AU FOND DES CAVES D'ELLORA.

Il n'était que trop vrai. Le prince maharatte Dandou-Pant, le fils adoptif de Baji-Rao, Peïschwah de Pounah, en un mot Nana Sahib, — peut-être à cette époque l'unique survivant des chefs de la révolte des Cipayes, — avait pu quitter ses inaccessibles retraites du Népaul. Brave, audacieux, habitué à l'épreuve des dangers immédiats, habile à déjouer les poursuites, savant dans l'art d'embrouiller ses pistes, profondément rusé, il s'était aventuré jusque dans les provinces du Dekkan, sous l'inspiration toujours vivace d'une haine que les terribles représailles de l'insurrection de 1857 n'avaient pu que décupler.

Oui! c'était une haine à mort que le Nana avait vouée aux possesseurs de l'Inde. Il était l'héritier de Baji-Rao, et, lorsque le Peïschwah mourut en 1851, la Compagnie refusa de continuer à lui servir la pension de huit lakhs de roupies[1] à laquelle il avait droit. De là, une des causes de cette haine, qui devait aboutir aux plus grands excès.

Mais qu'espérait donc Nana Sahib ? Depuis huit ans, la révolte des Cipayes était complètement domptée. Le gouvernement anglais s'était peu à peu substitué à l'honorable Compagnie des Indes et tenait la péninsule entière sous une autorité bien autrement forte que celle de l'Association des marchands. De la rébellion, il ne restait plus traces, pas même dans les rangs de l'armée native, entièrement réorganisée sur de nouvelles bases. Le Nana prétendait-il donc réussir à fomenter un mouvement national parmi les basses classes de l'Indoustan? Ses projets seront bientôt connus. En tout cas, ce qu'il n'ignorait plus, c'est que sa présence avait été signalée dans la province d'Aurungabad, c'est que le gouverneur général en avait avisé le vice-roi, à Calcutta, c'est que sa tête était mise à prix. Ce qui était certain, c'est qu'il avait dû fuir précipitamment, et qu'il lui fallait encore se réfugier dans un asile si bien caché, qu'il pût y échapper aux recherches des agents de la police anglo-indienne.

1. Deux millions de francs.

Le Nana, pendant cette nuit du 6 au 7 mars, ne perdit pas une heure. Il connaissait parfaitement le pays. Il résolut de gagner Ellora, située à vingt-cinq milles d'Aurungabad, afin d'y rejoindre un de ses complices.

La nuit était sombre. Le faux faquir, après s'être assuré qu'il n'était pas poursuivi, se dirigea vers ce mausolée, élevé à quelque distance de la ville en l'honneur du mahométan Sha-Soufi, un saint dont les reliques ont la réputation d'opérer des cures médicales. Mais tout dormait alors dans le mausolée, prêtres et pèlerins, et le Nana put passer sans être inquiété par quelque demande indiscrète.

Cependant, l'ombre n'était pas si épaisse que, quatre lieues plus au nord, ce bloc de granit qui porte le fort imprenable de Daoulutabad et se dresse au milieu d'une plaine à la hauteur de deux cent quarante pieds, pût dérober aux regards son énorme silhouette. Le nabab, en l'apercevant, se rappela qu'un des empereurs du Dekkan, l'un de ses ancêtres, avait voulu faire sa capitale de la vaste cité autrefois établie à la base de ce fort. Et en vérité, c'eût été là une position inexpugnable, bien faite pour devenir le centre d'un mouvement insurrectionnel dans cette partie de l'Inde. Mais Nana Sahib détourna la tête, et n'eut qu'un regard de haine pour cette forteresse, maintenant aux mains de ses ennemis.

Cette plaine dépassée, apparut une région plus accidentée. C'étaient les premières ondulations d'un sol qui allait devenir montagneux. Le Nana, encore dans toute la force de l'âge, ne ralentit pas sa marche, en s'engageant sur des pentes déjà raides. Il voulait faire vingt-cinq milles dans sa nuit, c'est-à-dire franchir la distance qui séparait Ellora d'Aurungabad. Là, il espérait pouvoir se reposer en toute sécurité. Aussi ne fit-il halte, ni dans un caravansérail, ouvert à tout venant, qui se rencontra sur sa route, ni dans un bungalow à demi ruiné, où il eût pu dormir une heure ou deux, au centre de la partie reculée de la montagne.

Au soleil levant, le village de Rauzah, qui possède le tombeau très simple du plus grand des empereurs mongols, Aureng-Zeb, fut contourné par le fugitif. Il était enfin arrivé à ce célèbre groupe d'excavations, qui ont pris leur nom du petit village voisin d'Ellora.

La colline dans laquelle ont été creusées ces caves, au nombre d'une trentaine, se dessine en forme de croissant. Quatre temples, vingt-quatre monastères bouddhiques, quelques grottes moins importantes, tels sont les monuments du groupe.

La carrière de basalte a été largement exploitée par la main de l'homme. Mais ce n'est pas pour construire les chefs-d'œuvre dispersés çà et là à l'immense surface de la péninsule que les architectes indous, aux premiers siècles de l'ère chrétienne, en ont extrait les pierres. Non! ces pierres n'ont été enlevées que pour ménager des vides dans le massif, et ce sont ces vides qui sont devenus des « chaityas » ou des « viharas » suivant leur destination.

Le plus extraordinaire de ces temples est celui des Kaïlas. Que l'on se figure un bloc haut de cent vingt pieds, sur six cents pieds de circonférence. Ce bloc, avec une incroyable audace, on l'a découpé dans la montagne même, on l'a isolé au milieu d'une cour longue de trois cent soixante pieds et large de cent quatre-vingt-six, — une cour que l'outil a conquise aux dépens de la carrière basaltique. Puis, ce bloc ainsi dégagé, les architectes l'ont taillé, comme un statuaire fait d'un morceau d'ivoire. A l'extérieur, ils ont évidé des colonnes, menuisé des pyramidions, arrondi des coupoles, épargné ce qu'il fallait de roc pour obtenir la saillie des bas-reliefs, dans lesquels des éléphants plus grands que nature semblent supporter l'édifice tout entier; à l'intérieur, ils ont réservé une vaste salle, entourée de chapelles, et dont la voûte repose sur des colonnes détachées de la masse totale. Enfin, de ce monolithe, ils ont fait un temple, qui n'a pas été « bâti », dans le vrai sens du mot, mais un temple unique au monde, digne de rivaliser avec les édifices les plus merveilleux de l'Inde, et qui ne peut même perdre à être comparé aux hypogées de l'ancienne Égypte.

Ce temple, presque abandonné maintenant, a déjà été touché par le temps. Il se détériore en quelques parties. Ses bas-reliefs s'altèrent comme les parois du massif dont on l'a tiré. Il n'a encore que mille ans d'existence. Mais, ce qui n'est que le premier âge pour les œuvres de la nature est déjà la caducité pour les œuvres humaines. Quelques profondes crevasses s'étaient faites au soubassement latéral de gauche, et c'est par une de ces ouvertures, que cachait à demi la croupe de l'un des éléphants de support, que Nana Sahib se glissa, sans que personne eût pu soupçonner son arrivée à Ellora.

La crevasse s'ouvrait intérieurement sur un sombre boyau, qui courait à travers le soubassement, en s'enfonçant sous la « cella » du temple. Là s'évidait une sorte de crypte ou plutôt une citerne, sèche alors, qui servait de réceptacle aux eaux pluviales.

Dès que le Nana eut pénétré dans le boyau, il fit

entendre un certain sifflement, auquel répondit un sifflement identique. Ce n'était point un jeu d'écho. Une lumière brilla dans l'obscurité.

Aussitôt, un Indou se montra, tenant une petite lanterne à la main.

« Pas de lumière! dit le Nana.

— C'est toi, Dandou-Pant? répondit l'Indou, qui éteignit aussitôt sa lanterne.

— Moi, frère!

— Est-ce que?...

— A manger, d'abord, répondit le Nana, nous causerons ensuite. Mais, ni pour parler, ni pour manger, je n'ai besoin d'y voir. Prends ma main et guide-moi. »

L'Indou prit la main du Nana, l'entraîna au fond de l'étroite crypte et l'aida à s'étendre sur un amas d'herbes sèches qu'il venait de quitter. Le sifflement du faquir l'avait interrompu dans son dernier sommeil.

Cet homme, très habitué à se mouvoir dans cet obscur réduit, eut bientôt trouvé quelques provisions, du pain, une sorte de pâté de « mourghis » préparé avec la chair de poulets très communs dans l'Inde, et une gourde contenant une demi-pinte de cette violente liqueur connue sous le nom d' « arak », que produit la distillation du jus de cocotier.

Le Nana mangea et but sans prononcer une parole. Il mourait de faim et de fatigue. Toute sa vie se concentrait alors dans ses yeux, qui brillaient dans l'ombre comme des prunelles de tigre.

L'Indou, sans faire un mouvement, attendait qu'il convînt au nabab de parler.

Cet homme, c'était Balao Rao, le propre frère de Nana Sahib.

Balao Rao, l'aîné de Dandou-Pant, mais d'un an à peine, lui ressemblait physiquement, presque à s'y méprendre. Moralement, c'était Nana Sahib tout entier. Même haine des Anglais, même astuce dans les projets, même cruauté dans l'exécution, même âme en deux corps. Pendant toute l'insurrection, les deux frères ne s'étaient pas quittés. Après la défaite, le même campement de la frontière du Népaul leur avait donné asile. Et maintenant, reliés dans cette unique pensée de reprendre la lutte, ils se retrouvaient tous deux prêts à agir.

Lorsque le Nana, refait par ce repas hâtivement dévoré, eut recouvré ses forces, il resta, pendant quelque temps, la tête appuyée dans ses mains. Balao Rao, pensant qu'il voulait se remettre par quelques heures de sommeil, gardait toujours le silence.

Mais Dandou-Pant, relevant la tête, saisit la main de son frère, et d'une voix sourde :

« J'ai été signalé dans la présidence de Bombay! dit-il. Ma tête est mise à prix par le gouverneur de la présidence! Il y a deux mille livres promises à qui livrera Nana Sahib!

— Dandou-Pant! s'écria Balao Rao, ta tête vaut plus que cela! Ce serait à peine le prix de la mienne, et, avant trois mois, ils seraient trop heureux de les avoir toutes les deux pour vingt mille!

— Oui, répondit le Nana, dans trois mois, le 23 juin, c'est l'anniversaire de cette bataille de Plassey dont le centième anniversaire, en 1857, devait voir la fin de la domination anglaise et l'émancipation de la race solaire! Nos prophètes l'avaient prédit! Nos bardes l'avaient chanté! Dans trois mois, frère, cent neuf ans se seront écoulés, et l'Inde est encore foulée par le pied des envahisseurs!

— Dandou-Pant, répondit Balao Rao, ce qui n'a pas réussi en 1857 peut et doit réussir dix ans après. En 1827, en 1837, en 1847, il y a eu des mouvements dans l'Inde! Tous les dix ans, les Indous sont repris des fièvres de la révolte! Eh bien, cette année, ils se guériront en se baignant dans des flots de sang européen!

— Que Brahma nous guide, murmura le Nana, et alors supplice pour supplice! Malheur aux chefs de l'armée royale qui ne sont pas tombés sous les coups de nos Cipayes! Lawrence est mort, Barnard est mort, Hope est mort, Napier est mort, Hobson est mort, Havelock est mort! Mais quelques-uns ont survécu! Campbell, Rose, vivent encore, et parmi eux, celui que je hais entre tous, ce colonel Munro, ce descendant du bourreau qui, le premier, fit attacher des Indous à la bouche des canons, l'homme qui a tué de sa main ma compagne, la Rani de Jansi! Qu'il tombe en mon pouvoir, il verra si j'ai oublié les horreurs du colonel Neil, les massacres du Sekander Bagh, les égorgements du palais de la Bégum, de Bareilli, de Jansi et de Morar, de l'île d'Hidaspe et de Delhi! Il verra si j'ai oublié qu'il a juré ma mort comme j'ai juré la sienne!

— N'a-t-il pas quitté l'armée? demanda Balao Rao.

— Oh! répondit Nana Sahib, au premier soulèvement il reprendra du service! Mais si le soulèvement avorte, j'irai le poignarder jusque dans son bungalow de Calcutta!

— Soit, et maintenant?...

— Maintenant, il faut continuer l'œuvre commencée. Le mouvement sera national, cette fois. Que dans les villes, dans les champs, les Indous se soulèvent, et bientôt les Cipayes auront fait cause commune avec eux. J'ai parcouru le centre et le nord du Dekkan. Partout, j'ai retrouvé les esprits disposés à la révolte. Pas de ville, de bourgade, où nous n'ayons des chefs prêts à agir. Les brahmanes fanatiseront le peuple. La religion, cette fois, entraînera les sectateurs de Siva et de Vishnou. A l'époque qui sera déterminée, au signal convenu, des millions d'Indous se soulèveront, et l'armée royale sera anéantie!

— Et Dandou-Pant?... demanda Balao Rao, qui saisit la main de son frère.

— Dandou-Pant, répondit le Nana, ne sera pas seulement le Peïschwah couronné au château-fort de Bilhour! Ce sera alors le souverain de la terre sacrée des Indes! »

Cela dit, Nana Sahib, les bras croisés, le regard vague de ceux qui observent, non plus le passé ou le présent, mais l'avenir, resta silencieux.

Balao Rao se gardait bien de l'interrompre. Il lui plaisait de laisser cette âme farouche s'enflammer à ses propres éléments, et, au besoin, il était là pour attiser tout le feu qui couvait en lui. Nana Sahib ne pouvait avoir un complice plus étroitement lié à sa personne, un conseiller plus ardent à le pousser vers son but. On l'a dit, c'était un autre lui-même.

Le Nana, après quelques minutes de silence, releva la tête, et revint à la situation présente.

« Où sont nos compagnons? demanda-t-il.

— Aux cavernes d'Adjuntah, là où il a été convenu qu'ils nous attendraient, répondit Balao Rao.

— Et nos chevaux?

— Je les ai laissés à une portée de fusil, sur la route qui conduit d'Ellora à Boregami.

— C'est Kâlagani qui les garde?

— Lui-même, frère. Ils sont bien gardés, bien refaits, bien reposés, et n'attendent que nous pour partir.

— Partons donc, répondit le Nana. Il faut que nous soyons à Adjuntah avant le lever du jour.

— Et de là, demanda Balao Rao, où irons-nous? Cette fuite précipitée n'a-t-elle pas contrarié tes projets?

— Non, répondit Nana Sahib. Nous gagnerons les monts Sautpourra, dont je connais tous les défilés, et au milieu desquels je puis défier les recherches de la police anglaise. Là, d'ailleurs, nous serons sur ce territoire des Bilhs et des Gounds, qui sont restés fidèles à notre cause. Là, je pourrai attendre le moment favorable, au milieu de cette montagneuse région des Vindhyas où le ferment de la révolte est toujours prêt à lever!

— En route! répondit Balao Rao. Ah! ils ont promis deux mille livres à qui s'emparerait de toi! Mais il ne suffit pas de mettre une tête à prix, il faut la prendre!

— Ils ne la prendront pas, répondit Nana Sahib. Viens sans perdre un instant, frère, viens! »

Balao Rao s'avança d'un pas assuré à travers l'étroit couloir qui conduisait à ce réduit obscur, creusé sous le pavé du temple. Lorsqu'il fut arrivé à l'orifice que cachait la croupe de l'éléphant de pierre, il avança prudemment la tête, regarda dans l'ombre, à droite et à gauche, constata que les abords étaient déserts, et se hasarda au dehors. Par surcroît de précaution, il fit une vingtaine de pas sur l'avenue qui se développait suivant l'axe du temple; puis, n'ayant rien aperçu de suspect, il poussa un sifflement, indiquant au Nana que la route était libre.

Quelques instants après, les deux frères quittaient cette vallée artificielle, longue d'une demi-lieue, qui est toute trouée de galeries, de voûtes, d'excavations, étagées en de certains endroits jusqu'à une grande hauteur. Ils évitèrent de passer près de ce mausolée mahométan qui sert de bungalow aux pèlerins ou aux curieux de toutes nationalités, attirés par les merveilles d'Ellora; enfin, après avoir contourné le village de Rauzah, ils se trouvèrent sur la route qui relie Adjuntah et Boregami.

La distance à parcourir, d'Ellora à Adjuntah, était de cinquante milles (80 kilomètres environ); mais le Nana n'était plus alors ce fugitif qui s'évadait à pied d'Aurungabad, et sans moyen de transport. Ainsi que Balao Rao l'avait dit, trois chevaux l'attendaient sur la route, gardés par l'Indou Kâlagani, fidèle serviteur de Dandou-Pant. Ces chevaux avaient été cachés dans un bois épais, à un mille du village. L'un était destiné au Nana, l'autre à Balao Rao, le troisième à Kâlagani, et bientôt ils galopaient tous trois dans la direction d'Adjuntah. Personne, d'ailleurs, ne se fût étonné de voir un faquir à cheval. En effet, bon nombre de ces effrontés mendiants demandent l'aumône du haut de leur monture.

Au surplus, la route était peu fréquentée à cette époque de l'année, moins favorable aux pèlerinages. Le Nana et ses deux compagnons allaient donc rapidement sans avoir rien à craindre qui eût pu les gêner ou les retarder. Ils ne prenaient que le temps de faire souffler leurs bêtes, et, pendant ces courtes haltes, puisaient aux provisions que Kâlagani portait à l'arçon de sa selle. Ils évitèrent ainsi les parties plus fréquentées de la province, les bungalows et les villages, entre autres la bourgade de Roja, triste amas de maisons noires, que le temps a enfumées comme ces sombres habitations du Cornouailles, et Pulmary, petit bourg perdu dans les plantations d'un pays déjà sauvage.

Le sol était uni et plat. En toutes directions s'étendaient des champs de bruyères, sillonnés de massifs d'épaisses jungles. Mais la contrée devint plus accidentée aux approches d'Adjuntah.

Les superbes grottes qui portent ce nom, rivales des merveilleuses caves d'Ellora, et peut-être plus belles dans leur ensemble, occupent la partie inférieure d'une petite vallée, à un demi-mille environ de la ville.

Nana Sahib pouvait donc se dispenser de passer par Adjuntah, où la notice du gouverneur devait être déjà affichée. En conséquence, nulle crainte d'être reconnu.

Aussi, quinze heures après avoir quitté Ellora, ses deux compagnons et lui s'enfonçaient-ils à travers un étroit défilé, qui conduisait à la vallée célèbre, dont les vingt-sept temples, taillés « à même » dans le massif rocheux, se penchent sur de vertigineux abîmes.

La nuit était superbe, tout étincelante de constellations, mais sans lune. De hauts arbres, des banians, quelques-uns de ces « bars », qui comptent parmi les géants de la flore indienne, se découpaient en noir sur le fond étoilé du ciel. Pas un souffle ne traversait l'atmosphère, pas une feuille ne remuait, pas un bruit ne se faisait entendre, si ce n'est le sourd murmure d'un torrent, qui coulait à quelques centaines de pieds, dans le fond du ravin. Mais ce murmure s'accentua et devint un véritable mugissement, lorsque les chevaux eurent atteint la chute d'eau du Satkhound, qui tombe d'une hauteur de cinquante toises, en se déchirant à la saillie des rocs de quartz et de basalte. Une liquide poussière tourbillonnait dans le défilé et se fût nuancée des sept couleurs de l'arc-en-ciel, si la lune eût éclairé l'horizon dans cette belle nuit de printemps.

Le Nana, Balao Rao et Kâlagani étaient arrivés. Au brusque détour du défilé, qui fait un coude en cet endroit, se creusait la vallée enrichie par ces chefs-d'œuvre de l'architecture bouddhique. Là, sur les murailles de ces temples, ornés à profusion de colonnes, de rosaces, d'arabesques, de vérandahs, peuplés de figures colossales d'animaux aux formes fantastiques, creusés de sombres cellules qu'habitaient autrefois les prêtres, gardiens de ces demeures sacrées, l'artiste peut encore admirer quelques fresques que l'on dirait peintes d'hier, et qui représentent des cérémonies royales, des processions religieuses, des batailles où figurent toutes les armes de l'époque, telles qu'elles furent dans ce splendide pays de l'Inde, aux premiers temps de l'ère chrétienne.

Nana Sahib connaissait tous les secrets de ces mystérieuses hypogées. Plus d'une fois, ses compagnons et lui, trop pressés par les troupes royales, y avaient trouvé refuge aux mauvais jours de l'insurrection. Les galeries souterraines qui les reliaient, les plus étroits tunnels ménagés dans le massif quartzeux, les sinueux conduits croisés sous tous les angles, les mille ramifications de ce labyrinthe, dont l'enchevêtrement eût lassé les plus patients, tout cela lui était familier. Il ne pouvait s'y perdre, même quand une torche n'éclairait pas leurs sombres profondeurs.

Le Nana, au milieu de cette nuit obscure, en homme sûr de ce qu'il fait, alla droit à l'une des excavations les moins importantes du groupe. L'ouverture en était obstruée par un rideau d'arbustes épais et un amas de grosses pierres qu'un éboulement ancien semblait avoir jetées là, entre les broussailles du sol et les plantes lapidaires de la roche.

Un simple grattement de son ongle sur la paroi

suffit au nabab pour signaler sa présence à l'orifice de l'excavation.

Deux ou trois têtes d'Indous apparurent aussitôt entre les interstices des branches, puis dix, puis vingt autres, et bientôt des corps, se faufilant entre les pierres comme des serpents, formèrent un groupe d'une quarantaine d'hommes bien armés.

« En route! » dit Nana Sahib.

Et sans demander une explication, sans savoir où il les conduisait, ces fidèles compagnons du nabab le suivirent, prêts à se faire tuer sur un signe de lui. Ils étaient à pied, mais leurs jambes pouvaient lutter de vitesse avec celles d'un cheval.

La petite troupe s'enfonça à travers le défilé qui côtoyait l'abîme, en remontant vers le nord, et contourna la croupe de la montagne. Une heure après, elle avait atteint la route du Kandeish, qui va se perdre dans les passes des monts Sautpourra.

L'embranchement que jette le railway de Bombay à Allahabad sur Nagpore, et la voie principale elle-même, qui court vers le nord-est, furent dépassés au point du jour.

A ce moment, le train de Calcutta filait à toute vitesse, jetant sa vapeur blanche aux superbes banians de la route, et ses hennissements aux fauves effarés des jungles.

Le nabab avait arrêté son cheval, et, d'une voix forte, la main tendue vers le train qui fuyait :

« Va, s'écria-t-il, va dire au vice-roi de l'Inde que Nana Sahib est toujours vivant, et que ce railway, œuvre maudite de leurs mains, il le noiera dans le sang des envahisseurs ! »

CHAPITRE V

LE GÉANT D'ACIER

Je ne sais pas de plus complète stupéfaction que celle dont les passants arrêtés sur la grande route de Calcutta à Chandernagor, hommes, femmes, enfants, Indous aussi bien qu'Anglais, donnaient des marques non équivoques dans la matinée du 6 mai. Franchement, un profond sentiment de surprise était bien naturel.

En effet, au lever du soleil, de l'un des derniers faubourgs de la capitale de l'Inde, entre deux épaisses haies de curieux, sortait un étrange équipage, — si toutefois ce nom peut s'appliquer à l'appareil étonnant qui remontait la rive de l'Hougly.

En tête, et comme unique moteur du convoi, un éléphant gigantesque, haut de vingt pieds, long de trente, large à proportion, s'avançait tranquillement et mystérieusement. Sa trompe était à demi recourbée, comme une énorme corne d'abondance, la pointe en l'air. Ses défenses, toutes dorées, se dressaient hors de son énorme mâchoire, semblables à deux faux menaçantes. Sur son corps d'un vert sombre, bizarrement tacheté, se développait une riche draperie de couleurs voyantes, rehaussée de filigranes d'argent et d'or, que bordait une frange de gros glands à torsades. Son dos supportait une sorte de tourelle très ornée, couronnée d'un dôme arrondi à la mode indienne, et dont les parois étaient pourvues de gros verres lenticulaires, semblables aux hublots d'une cabine de navire.

Ce que traînait cet éléphant, c'était un train composé de deux énormes chars, ou plutôt deux véritables maisons, sortes de bungalows roulants, montés chacun sur quatre roues sculptées aux moyeux, aux raies et aux jantes. Ces roues, dont on ne voyait que le segment inférieur, se mouvaient dans des tambours qui cachaient à demi le soubassement de ces énormes appareils de locomotion. Une passerelle articulée, se prêtant aux caprices des tournants, reliait la première voiture à la seconde.

Comment un seul éléphant, si fort qu'il fût, pouvait-il traîner ces deux massives constructions, sans aucun effort apparent? Il le faisait, cependant, l'étonnant animal! Ses larges pattes se relevaient et s'abaissaient automatiquement avec une régularité toute mécanique, et il passait immédiatement du pas au trot, sans que ni la voix ni la main d'un « mahout » se fissent voir ou entendre.

Voilà ce dont les curieux devaient tout d'abord s'étonner, s'ils se tenaient à quelque distance. Mais s'ils s'approchaient du colosse, voici ce qu'ils découvraient, et leur surprise faisait alors place à l'admiration.

En effet, l'oreille était frappée, avant tout, par une sorte de mugissement cadencé, très semblable au cri particulier de ces géants de la faune indienne. De plus, à petits intervalles, il s'échappait de la trompe dressée vers le ciel un vif tourbillon de vapeur.

Et cependant, c'était bien là un éléphant! Sa peau rugueuse, d'un vert noirâtre, recouvrait, à n'en pas douter, une de ces ossatures puissantes dont la nature a gratifié le roi des pachydermes! Ses yeux brillaient de l'éclat de la vie! Ses membres étaient doués de mouvement!

Oui! Mais si quelque curieux se fût hasardé à poser sa main sur l'énorme animal, tout se fût expliqué. Ce n'était qu'un merveilleux trompe-l'œil, une imitation surprenante, ayant toutes les apparences de la vie, même de près.

En effet, cet éléphant était en tôle d'acier, et toute une locomotive routière se cachait dans ses flancs.

Quant au train, au « Steam-House », pour employer la qualification qui lui convient, c'était l'habitation roulante promise par l'ingénieur.

Le premier char, ou plutôt la première maison, servait d'habitation au colonel Munro, au capitaine Hod, à Banks et à moi.

La seconde logeait le sergent Mac Neil et les gens formant le personnel de l'expédition.

Banks avait tenu sa promesse, le colonel Munro avait tenu la sienne, et voilà pourquoi, dans cette matinée du 6 mai, nous étions partis en cet extraordinaire équipage, afin de visiter les régions septentrionales de la péninsule indienne.

Mais à quoi bon cet éléphant artificiel? Pourquoi cette fantaisie, en désaccord avec l'esprit si pratique des Anglais? Jamais jusqu'alors on n'avait imaginé de donner à une locomotive, destinée à circuler, soit sur le macadam des grandes routes ou sur les rails des voies ferrées, la forme d'un quadrupède quelconque !

Il faut bien l'avouer, la première fois que nous fûmes admis à voir cette surprenante machine, il y eut un ébahissement général. Les pourquoi et les comment tombèrent dru sur notre ami Banks. C'était d'après ses plans et sous sa direction que cette locomotive routière avait été construite. Qui donc avait pu lui donner l'idée bizarre de la dissimuler entre les parois d'acier d'un éléphant mécanique?

« Mes amis, se contenta de répondre très sérieusement Banks, connaissez-vous le rajah de Bouthan?

— Je le connais, répondit le capitaine Hod, ou plutôt je le connaissais, car il est mort depuis trois mois.

— Eh bien, avant de mourir, répondit l'ingénieur, le rajah de Bouthan était non seulement vivant, mais il vivait autrement qu'un autre. Il aimait tous les fastes, en quelque genre que ce fût. Il ne se refusait rien, — je dis rien de ce qui avait pu une fois lui passer par la tête. Son cerveau s'usait à imaginer l'impossible, et, si elle n'eût été inépuisable, sa bourse se fût épuisée à le réaliser en toutes choses. Il était riche comme les nababs d'autrefois. Les lakhs de roupies abondaient dans ses caisses. S'il se donnait jamais quelque mal, ce n'était que pour dépenser ses écus d'une façon un peu moins banale que ses confrères en millions. Or, un jour, il lui vint une idée, qui bientôt l'obséda au point de ne plus le laisser dormir, une idée dont Salomon eût été fier, et qu'il aurait certainement réalisée, s'il eût connu la vapeur : c'était de voyager d'une façon absolument nouvelle jusqu'à lui, et d'avoir un équipage comme personne n'en aurait jamais pu rêver. Il me connaissait, il me fit venir à sa cour, il me dessina lui-même le plan de son appareil de locomotion. Ah ! si vous croyez, mes amis, que j'éclatai de rire à la proposition du rajah, vous vous trompez ! Je compris parfaitement que cette grandiose idée avait dû naturellement prendre naissance dans le cerveau d'un souverain indou, et je n'eus plus qu'un désir, la réaliser au plus tôt, dans des conditions qui pussent satisfaire mon poétique client et moi-même. Un ingénieur sérieux n'a pas tous les jours l'occasion d'aborder le fantastique, et d'ajouter un animal de sa façon à la faune de l'Apocalypse ou aux créations des *Mille et une Nuits*. En somme, la fantaisie du rajah était réalisable. Vous savez tout ce que l'on fait, ce que l'on peut faire, ce que l'on fera en mécanique. Je me mis donc à l'œuvre, et, dans cette enveloppe de tôle d'acier qui figure un éléphant, je parvins à enfermer la chaudière, le mécanisme et le tender d'une locomotive routière avec tous ses accessoires. La trompe articulée, qui peut au besoin se lever et s'abattre, me servit de cheminée ; un excentrique me permit d'atteler les jambes de mon animal aux roues de l'appareil; je disposai ses yeux comme les lentilles d'un phare, de manière à projeter deux jets de lumière électrique, et l'éléphant artificiel fut achevé. Mais la création n'avait pas été spontanée. J'avais trouvé plus d'une difficulté à vaincre, qui ne s'était pas résolue du premier coup. Ce moteur, — joujou immense si vous voulez, — me coûta pas mal de veilles, si bien que mon rajah, qui ne se tenait pas d'impatience et passait le meilleur de sa vie dans mes ateliers, mourut avant que le dernier coup de marteau de l'ajusteur eût permis à son éléphant de prendre sa course à travers champs. L'infortuné n'avait pas eu le temps d'essayer sa maison roulante! Mais ses héritiers, moins fantasques que lui, considérèrent cet appareil avec terreur et superstition, comme l'œuvre d'un fou. Ils n'eurent donc rien de plus pressé que de s'en défaire à vil prix, et, ma foi, je rachetai le tout pour le compte du colonel. Vous savez maintenant, mes amis, comment et pourquoi nous seuls au monde, j'en réponds, nous avons à notre disposition un éléphant à vapeur de la force de quatre-vingts chevaux, pour ne pas dire de quatre-vingts éléphants de trois cents kilogrammètres!

— Bravo! Banks, bravo! s'écria le capitaine Hod. Un maître ingénieur qui est par-dessus le marché un artiste, un poète en fer et en acier, c'est l'oiseau rare entre tous !

— Le rajah mort, répondit Banks, et son équipage racheté, je n'ai pas eu le courage de détruire mon éléphant et de restituer à la locomotive sa forme ordinaire !

— Et vous avez mille fois bien fait ! répliqua le capitaine. Il est superbe, notre éléphant, superbe ! Et quel effet nous ferons avec ce gigantesque animal, lorsqu'il nous promènera au milieu des plaines et à travers les jungles de l'Indoustan ! C'est une idée de rajah ! Eh bien, cette idée, nous la mettrons à profit, n'est-ce pas, mon colonel ? »

Le colonel Munro avait presque souri. C'était l'équivalent d'une approbation complète, donnée par lui aux paroles du capitaine. Le voyage fut donc résolu, et voilà comment un éléphant d'acier, un animal unique en son genre, un Léviathan artificiel, en fut réduit à traîner la demeure roulante de quatre Anglais, au lieu de promener dans toute sa pompe l'un des plus opulents rajahs de la péninsule indienne.

Comment est disposée cette locomotive routière, à laquelle Banks avait ingénieusement apporté tous les perfectionnements de la science moderne ? Le voici :

Entre les quatre roues s'allonge l'ensemble du mécanisme, cylindres, bielles, tiroirs, pompe d'alimentation, excentriques, que recouvre le corps de la chaudière. Cette chaudière tubulaire, sans retour de flammes, offre soixante mètres carrés de surface de chauffe. Elle est entièrement contenue dans la partie antérieure du corps de l'éléphant de tôle, dont la partie postérieure recouvre le tender, destiné à porter l'eau et le combustible. La chaudière et le tender, tous deux montés sur le même truk, sont séparés par un intervalle, laissé libre pour le service du chauffeur. Le mécanicien, lui, se tient dans la tourelle, construite à l'épreuve de la balle, qui surmonte le corps de l'animal, et dans laquelle, en cas de sérieuse attaque, tout notre monde pourra chercher refuge. Sous les yeux du mécanicien se trouvent les soupapes de sûreté et le manomètre indiquant la tension du fluide; sous sa main, le régulateur et le levier qui lui servent, l'un à régler l'introduction de la vapeur, l'autre à manœuvrer les tiroirs, et par conséquent à provoquer la marche avant ou arrière de l'appareil. De cette tourelle, à travers d'épais verres lenticulaires, disposés *ad hoc* dans d'étroites embrasures, il peut observer la route qui se développe devant ses yeux, et une pédale lui permet, en modifiant l'angle des roues antérieures, d'en suivre les courbes, quelles qu'elles soient.

Des ressorts, du meilleur acier, fixés aux essieux, supportent la chaudière et le tender, de manière à amortir les secousses causées par les inégalités du sol. Quant aux roues, d'une solidité à toute épreuve, elles sont rayées à leurs jantes, afin de pouvoir mordre le terrain, ce qui les empêche de « patiner ».

Ainsi que nous l'a dit Banks, la force nominale de la machine est de quatre-vingts chevaux, mais on peut en obtenir cent cinquante effectifs, sans crainte de provoquer aucune explosion. Cette machine, combinée suivant les principes du « système Field », est à double cylindre, avec détente variable. Une boîte hermétiquement close enveloppe tout le mécanisme, de manière à le soustraire à la poussière des routes, qui en altérerait rapidement les organes. Son extrême perfectionnement consiste surtout en ceci : c'est qu'elle dépense peu et produit beaucoup. En effet, jamais la dépense moyenne, comparée à l'effet utilisé, n'a été si bien ménagée, que l'on chauffe au charbon ou que l'on chauffe au bois, car les grilles du foyer sont propres à brûler toutes sortes de combustible. Quant à la vitesse normale de cette locomotive routière, l'ingénieur l'estime à vingt-cinq kilomètres à l'heure, mais, sur un terrain propice, elle pourra en atteindre quarante. Les roues, je l'ai dit, ne sont pas exposées à patiner, non seulement par l'effet de cette morsure que leurs jantes font au sol, mais aussi parce que la suspension de l'appareil sur des ressorts de premier choix est parfaitement établie et répartit également le poids que les cahots tendent à inégaliser. En outre, ces roues peuvent être aisément commandées par des freins atmosphériques, provoquant, soit un serrage progressif, soit un calage instantané, qui produit un arrêt presque subit.

Quant à la facilité qu'a cette machine de gravir les pentes, elle est remarquable. Banks, en effet, a obtenu les plus heureux résultats, en tenant compte du poids et de la puissance propulsive exercée sur chacun des pistons de sa locomotive. Aussi, peut-elle aisément franchir des pentes de dix à douze centimètres par mètre, — ce qui est considérable.

D'ailleurs, les routes que les Anglais ont établies dans l'Inde, et dont le réseau comporte un développement de plusieurs milliers de milles, sont magnifiques. Elles doivent se prêter excellemment à ce genre de locomotion. Pour ne parler que du Great Trunk Road, qui traverse la péninsule, il s'étend sur un espace ininterrompu de douze cents milles, soit près de deux mille kilomètres.

Et maintenant, parlons de ce Steam-House que l'éléphant artificiel traînait après lui.

Ce que Banks avait racheté des héritiers du nabab pour le compte du colonel Munro, ce n'était pas uniquement la locomotive routière, c'était aussi le train qu'elle remorquait. On ne s'étonnera pas que le rajah de Bouthan l'eût fait construire à sa fantaisie et suivant la mode indoue. Je l'ai déjà appelé un bungalow roulant; il mérite ce nom, et, en vérité, les deux chars qui le composent sont tout simplement une merveille de l'architecture du pays.

Que l'on se figure deux espèces de pagodes sans minarets, avec leurs toits à double faîtage, arrondis en dômes ventrus, l'encorbellement de leurs fenêtres que supportent des pilastres sculptés, leur ornementation en découpages multicolores de bois précieux, leurs contours que dessinent gracieusement des courbes élégantes, les vérandahs si richement disposées, qui les terminent à l'avant et à l'arrière. Oui! deux pagodes que l'on croirait détachées de la colline sainte de Sonnaghur, et qui, reliées l'une à l'autre, à la remorque de cet éléphant d'acier, allaient courir les grandes routes!

Et ce qu'il faut ajouter, car cela complète bien ce

prodigieux appareil de locomotion, c'est qu'il peut flotter.

En effet, la partie inférieure du corps de l'éléphant, qui contient chaudière et machine, forme bateaux de tôle légère, dont une heureuse disposition de boîtes à air assure la flottabilité. Un cours d'eau se présente-t-il, l'éléphant s'y lance, le train suit, et les pattes de l'animal, mues par les bielles, entraînent tout Steam-House. Avantage inappréciable dans cette vaste contrée de l'Inde, où abondent des fleuves dont les ponts sont encore à construire.

Tel était donc ce train, unique en son genre, et tel l'avait voulu le capricieux rajah de Bouthan. Mais si Banks avait respecté cette fantaisie qui donnait au moteur la forme d'un éléphant, et aux voitures l'apparence de pagodes, il avait cru devoir aménager l'intérieur au goût anglais, en l'appropriant pour un voyage de longue durée. C'était très réussi.

Steam-House, ai-je dit, se composait de deux chars, qui, intérieurement, ne mesuraient pas moins de six mètres de largeur. Ils dépassaient, par conséquent, les essieux des roues, qui n'en avaient que cinq. Suspendus sur des ressorts très longs et d'une extrême flexibilité, les cahots leur étaient aussi peu sensibles que les plus faibles secousses sur une voie de fer bien établie.

Le premier char avait une longueur de quinze mètres. A l'avant, son élégante vérandah, portée sur de légers pilastres, abritait un large balcon, sur lequel une dizaine de personnes pouvaient se tenir à l'aise. Deux fenêtres et une porte s'ouvraient sur le salon, éclairé en outre par deux fenêtres latérales. Ce salon, meublé d'une table et d'une bibliothèque, garni de divans moelleux dans toute sa largeur, était artistement décoré et tendu de riches étoffes. Un épais tapis de Smyrne en cachait le parquet. Des « tattis », sortes d'écrans de vétiver, disposés devant les fenêtres, et sans cesse arrosés d'eau parfumée, entretenaient une agréable fraîcheur, aussi bien dans le salon que dans les cabines qui servaient de chambres. Au plafond pendait une « punka », qu'une courroie de transmission agitait automatiquement pendant la marche du train, ou que le bras d'un serviteur mettait en mouvement pendant les haltes. Ne fallait-il pas parer par tous les moyens possibles aux excès d'une température qui, durant certains mois de l'année, s'élève à l'ombre au-dessus de quarante-cinq degrés centigrades?

A l'arrière du salon, une seconde porte, en bois

précieux, faisant face à la porte de la vérandah, s'ouvrait sur la salle à manger, éclairée, non seulement par les fenêtres latérales, mais aussi par un plafond en verre dépoli. Autour de la table qui en occupait le milieu, huit convives pouvaient prendre place. Nous n'étions que quatre : c'est assez dire que nous serions à l'aise. Buffets et crédences, chargés de tout ce luxe d'argenterie, de verreries et de porcelaines qu'exige le confort anglais, meublaient cette salle à manger. Il va de soi que tous les objets fragiles, à demi engagés dans des entailles spéciales, ainsi que cela se fait à bord des navires, étaient à l'abri des chocs, même sur les plus mauvaises routes, si notre train était jamais forcé de s'y aventurer.

La porte, à l'arrière de la salle à manger, donnait accès sur un couloir, qui aboutissait à un balcon postérieur, également recouvert d'une seconde vérandah. Le long de ce couloir étaient aménagées quatre chambres, éclairées latéralement, contenant un lit, une toilette, une armoire, un divan, et disposées comme les cabines des plus riches paquebots transatlantiques. La première de ces chambres, à gauche, était occupée par le colonel Munro ; la seconde, à droite, par l'ingénieur Banks. La chambre du capitaine Hod faisait suite, à droite, à celle de l'ingénieur ; la mienne, à gauche, à celle du colonel Munro.

Le second char, long de douze mètres, possédait, comme le premier, un balcon à vérandah, qui s'ouvrait sur une large cuisine, flanquée latéralement de deux offices, et munie de tout son matériel. Cette cuisine communiquait avec un couloir qui s'évasait en quadrilatère dans sa partie centrale, et formait pour le personnel de l'expédition une seconde salle à manger, éclairée par une claire-voie du plafond. Aux quatre angles, étaient disposées quatre cabines, occupées par le sergent Mac Neil, le mécanicien, le chauffeur et l'ordonnance du colonel Munro; puis, à l'arrière, deux autres cabines, l'une destinée au cuisinier, l'autre au brosseur du capitaine Hod; plus, d'autres chambres, servant d'armurerie, de glacière, de compartiment de bagages, etc., et s'ouvrant sur le balcon à vérandah de l'arrière.

On le voit, Banks avait intelligemment et confortablement disposé les deux habitations roulantes de Steam-House. Elles pouvaient être chauffées, pendant l'hiver, au moyen d'un appareil dont l'air chaud, fourni par la machine, circulait à travers les chambres, sans compter deux petites cheminées, installées dans le salon et la salle à manger. Nous étions donc en mesure de braver les rigueurs de la saison froide, même sur les premières pentes des montagnes du Thibet.

L'importante question des provisions n'avait pas été négligée, on le pense bien, et nous emportions, en conserves de choix, de quoi nourrir pendant un an tout le personnel de l'expédition. Ce dont nous avions le plus abondamment, c'étaient des boîtes de viandes conservées des meilleures marques, principalement du bœuf bouilli et du bœuf en daube, et des pâtés de ces « mourghis », ou poulets, dont la consommation est si considérable dans toute la péninsule indienne.

Le lait ne devait pas, non plus, nous manquer pour le déjeuner du matin, qui précède le déjeuner sérieux, ni le bouillon pour le « tiffin », qui précède le dîner du soir, grâce aux préparations nouvelles qui permettent de les transporter au loin à l'état concentré.

Après avoir été soumis à l'évaporation, de manière à prendre une consistance pâteuse, le lait est enfermé dans des boîtes hermétiquement closes, d'une contenance de quatre cent cinquante grammes, qui peuvent fournir trois litres de liquide, en les additionnant d'un quintuple poids d'eau. Dans ces conditions, il est identique par sa composition au lait normal et de bonne qualité. Même résultat pour le bouillon, qui, après avoir été conservé par des moyens analogues et réduit en tablettes, donne par dissolution d'excellents potages.

Quant à la glace, d'un emploi si utile sous ces chaudes latitudes, il nous était facile de la produire, en peu d'instants, au moyen de ces appareils Carré, qui provoquent l'abaissement de la température par l'évaporation du gaz ammoniac liquéfié. Un des compartiments d'arrière était même disposé comme une glacière, et soit par l'évaporation de l'ammoniaque, soit par la volatilisation de l'éther méthylique, le produit de nos chasses pouvait être indéfiniment conservé, grâce à l'application des procédés dus à un Français, mon compatriote Ch. Tellier. C'était là, on en conviendra, une ressource précieuse, qui devait mettre à notre disposition, en toutes circonstances, des aliments de la meilleure qualité.

En ce qui concerne les boissons, la cave en était bien fournie. Vins de France, bières diverses, eau-de-vie, arak, occupaient des places spéciales et en quantité suffisante pour les premiers besoins.

Il faut remarquer, d'ailleurs, que notre itinéraire ne devait pas nous écarter sensiblement des provinces habitées de la péninsule. L'Inde n'est pas un désert, il s'en faut. A la condition de ne point ménager les roupies, il est aisé de s'y procurer, non seulement le nécessaire, mais aussi le superflu. Peut-être, lorsque nous hivernerions dans les régions septentrionales, à la base de l'Himalaya, serions-nous réduits à nos seules ressources. Dans ce cas encore, il serait facile de faire face à toutes les exigences d'une existence confortable. L'esprit pratique de notre ami Banks avait tout prévu, et l'on pouvait se reposer sur lui du soin de nous ravitailler en route.

En somme, voici quel est l'itinéraire de ce voyage, — itinéraire qui fut arrêté en principe, sauf les quelques modifications que des circonstances imprévues pouvaient y apporter :

Partir de Calcutta en suivant la vallée du Gange jusqu'à Allahabad, s'élever à travers le royaume d'Oude de manière à gagner les premières rampes du Thibet, camper pendant quelques mois, tantôt en un endroit, tantôt en un autre, en donnant au capitaine Hod toute facilité pour organiser ses chasses, puis redescendre jusqu'à Bombay.

C'était près de neuf cents lieues à faire. Mais notre maison et tout son personnel voyageaient avec nous. Dans ces conditions, qui se refuserait à faire plusieurs fois le tour du monde ?

CHAPITRE VI

PREMIÈRES ÉTAPES

Le 6 mai, dès l'aube, j'avais quitté l'hôtel Spencer, l'un des meilleurs de Calcutta, où je demeurais depuis mon arrivée dans la capitale de l'Inde. Cette grande cité n'avait plus maintenant de secrets pour moi. Promenades du matin, à pied, pendant les premières heures du jour; promenades du soir, en voiture, dans le Strand, jusqu'à l'esplanade du fort William, au milieu des splendides équipages des Européens qui croisent assez dédaigneusement les non moins splendides voitures des gros et gras babous indigènes; excursions à travers ces curieuses rues marchandes, qui portent très justement le nom de bazars; visites aux champs d'incinération des morts, sur les bords du Gange, aux jardins botaniques du naturaliste Hooker, à « madame-Kâli », l'horrible femme à quatre bras, cette farouche déesse de la mort, qui se cache dans un petit temple de l'un de ces faubourgs, dans lesquels se côtoient la civilisation moderne et la barbarie native, c'était fait. Contempler le palais du vice-roi, qui s'élève précisément en face de l'hôtel Spencer; admirer le curieux palais de Chowringhi Road et le Town-Hall, consacré à la mémoire des grands hommes de notre époque; étudier en détail l'intéressante mosquée d'Hougly; courir le port, encombré des plus beaux bâtiments de commerce de la marine anglaise; dire enfin adieu aux arghilas, adjudants ou philosophes, — ces oiseaux ont tant de noms! — qui sont chargés de nettoyer les rues et de tenir la ville dans un parfait état de salubrité, cela était fait aussi, et je n'avais plus qu'à partir.

Donc, ce matin-là, un palki-ghari, sorte de mauvaise voiture à deux chevaux et à quatre roues, — indigne de figurer parmi les confortables produits de la carrosserie anglaise, — vint me prendre sur la place du Gouvernement et m'eut bientôt déposé à la porte du bungalow du colonel Munro.

A cent pas en dehors du faubourg, notre train nous attendait. Il n'y avait plus qu'à emménager, — c'est le mot.

Il va sans dire que nos bagages avaient été préalablement déposés dans leur compartiment spécial. Nous n'emportions d'ailleurs que le nécessaire. Seulement, en fait d'armes, le capitaine Hod n'avait pas pensé que l'indispensable pût comprendre moins de quatre carabines Enfield, à balles explosibles, quatre fusils de chasse, deux canardières, sans compter un certain nombre de fusils et de revolvers, — de quoi armer tout notre monde. Cet attirail menaçait plus les fauves que le simple gibier comestible, mais on n'eût pas fait entendre raison à ce sujet au Nemrod de l'expédition.

Il était enchanté d'ailleurs, le capitaine Hod! Le plaisir d'arracher son colonel à la solitude de sa retraite, la joie de partir pour les provinces septentrionales de l'Inde dans un équipage sans pareil, la perspective d'exercices ultra-cynégétiques et d'excursions dans les régions himalayennes, tout cela l'animait, le surexcitait, se manifestait par d'interminables interjections et des poignées de main à vous briser les os.

L'heure du départ avait sonné. La chaudière était en pression, la machine prête à fonctionner. Le mécanicien se tenait à son poste, la main sur le régulateur. Le coup de sifflet réglementaire fut lancé.

« En route! s'écria le capitaine Hod, en agitant son chapeau, Géant d'Acier, en route! »

Le Géant d'Acier, ce nom que notre enthousiaste ami venait de donner au merveilleux moteur de notre train, il le méritait bien, et ce nom lui resta.

Un mot sur le personnel de l'expédition, qui occupait la seconde maison roulante :

Le mécanicien Storr, un Anglais, appartenait à la Compagnie du « Great Southern of India », qu'il avait quittée depuis quelques mois seulement. Banks, qui le connaissait et le savait fort càpable, l'avait fait entrer au service du colonel Munro. C'était un homme de quarante ans, ouvrier habile, très entendu aux choses de son métier, et qui devait nous rendre de grands services.

Le chauffeur s'appelait Kâlouth. Il était de cette classe d'Indous, si recherchés par les Compagnies de chemins de fer, qui peuvent impunément supporter cette chaleur tropicale des Indes, doublée de la chaleur de leur chaudière. Il en est de même des Arabes auxquels les Compagnies de transports maritimes confient le service des chaufferies pendant la traversée de la mer Rouge. Ces braves gens se contentent tout au plus de bouillir, là où des Européens rôtiraient en quelques instants. Bon choix également.

L'ordonnance du colonel Munro était un Indou âgé de trente-cinq ans, Gourgkah de race, nommé Goûmi. Il appartenait à ce régiment qui, pour faire acte de bonne discipline, accepta l'usage des nouvelles munitions, dont l'emploi fut l'occasion première ou tout au moins le prétexte de la révolte des Cipayes. Petit, leste, bien découplé, d'un dévouement à toute épreuve, il portait encore l'uniforme noir de la brigade des « rifles », auquel il tenait comme à sa propre peau.

Le sergent Mac Neil et Goûmi étaient, de corps et d'âme, les deux fidèles du colonel Munro.

Après s'être battus à ses côtés dans toutes les guerres de l'Inde, après l'avoir aidé dans ses infructueuses tentatives pour retrouver Nana Sahib, ils l'avaient suivi dans sa retraite et ne devaient jamais le quitter.

Si Goûmi était l'ordonnance du colonel, Fox, — un Anglais pur sang, très gai, très communicatif, — était le brosseur du capitaine Hod, et non moins enragé chasseur que lui. Ce brave garçon n'eût pas changé cette situation sociale pour une autre, quelle qu'elle fût. Sa finesse le rendait digne du nom qu'il portait : Fox! Renard! mais un renard qui en était à son trente-septième tigre, — trois de moins que son capitaine. Il comptait bien, d'ailleurs, ne pas en rester là.

Il faut citer encore, pour compléter le personnel de l'expédition, notre cuisinier nègre, qui régnait à la partie antérieure de la seconde maison entre les deux offices. Français d'origine, ayant déjà rôti et fricassé sous toutes les latitudes, « monsieur Parazard », — c'était son nom, — s'imaginait remplir, non un vulgaire métier, mais une fonction de haute importance. Il pontifiait, véritablement, lorsque sa main se promenait d'un fourneau à l'autre, distribuant, avec la précision d'un chimiste, le poivre, le sel et autres condiments qui relevaient ses préparations savantes. En somme, comme monsieur Parazard était habile et propre, on lui pardonnait volontiers cette vanité culinaire.

Ainsi donc, sir Edward Munro, Banks, le capitaine Hod et moi, d'une part, Mac Neil, Storr, Kâlouth, Goûmi, Fox et monsieur Parazard, de l'autre, — en tout dix personnes, — telle était l'expédition qu'emportait vers le nord de la péninsule le Géant d'Acier avec son train de deux maisons roulantes. N'oublions pas les deux chiens Phann et Black, dont le capitaine n'en était plus à apprécier les qualités dans ses chasses au gibier de poil et de plume.

Le Bengale est peut-être, sinon la plus curieuse, du moins la plus riche des présidences de l'Indoustan. Ce n'est évidemment pas le pays proprement dit des rajahs, qui embrasse plus spécialement le centre de ce vaste royaume; mais cette province s'étend sur un territoire très peuplé, qui peut être considéré comme le vrai pays des Indous. Elle se développe, au nord, jusqu'aux infranchissables frontières de l'Himalaya, et notre itinéraire allait nous permettre de la couper obliquement.

Après discussion au sujet des premières étapes, nous nous étions tous ralliés à ce projet : remonter pendant quelques lieues l'Hougly, celui des bras du Gange qui arrose Calcutta, laisser sur la droite la ville française de Chandernagor, de là suivre la ligne du chemin de fer jusqu'à Burdwan, puis prendre de biais à travers le Béhar, de manière à retrouver le Gange à Bénarès.

« Mes amis, avait dit le colonel Munro, je vous abandonne absolument la direction du voyage... Décidez sans moi. Tout ce que vous ferez sera bien fait.

— Mon cher Munro, répondit Banks, il convient, cependant, que tu donnes ton avis...

— Non, Banks, reprit le colonel, je t'appartiens, et n'ai vraiment pas de préférence à visiter une province plutôt qu'une autre. Une seule question, cependant : lorsque vous aurez atteint Bénarès, quelle direction comptez-vous suivre ?

— La direction du nord! s'écria impétueusement le capitaine Hod, la route qui remonte directement jusqu'aux premières rampes de l'Himalaya à travers le royaume d'Oude !

— Eh bien, mes amis, à ce moment... répondit le colonel Munro, peut-être vous demanderai-je de... Mais nous en parlerons lorsqu'il sera temps. Jusque-là, allez comme bon vous semble ! »

Cette réponse de sir Edward Munro ne laissa pas de m'étonner quelque peu. Quelle était donc sa pensée ? N'avait-il consenti à entreprendre ce voyage qu'avec l'idée que le hasard le servirait peut-être mieux que sa volonté n'avait pu le faire ? Se disait-il que si Nana Sahib n'était pas mort, il parviendrait peut-être à le retrouver dans le nord de l'Inde ? Avait-il enfin conservé quelque espérance de pouvoir se venger encore ? Pour moi, j'avais comme un pressentiment que quelque arrière-pensée guidait le colonel Munro, et il me sembla que le sergent Mac Neil devait être dans le secret de son maître.

Pendant les premières heures de cette matinée, nous avions pris place dans le salon de Steam-House. La porte et les deux fenêtres de la vérandah étaient ouvertes, et la punka, en agitant l'air, rendait la température plus supportable.

Le Géant d'Acier était maintenu au pas par le régulateur de Storr. Une petite lieue à l'heure, c'était tout ce que lui demandaient, pour le moment, des voyageurs soucieux de voir le pays qu'ils traversaient.

Au sortir des faubourgs de Calcutta, nous avions été suivis par un certain nombre d'Européens, qu'émerveillait notre équipage, et par une foule d'Indous qui le considéraient avec une sorte d'admiration mêlée de crainte. Cette foule s'était peu à peu éclaircie, mais nous n'échappions pas à l'ébahissement des passants qui prodiguaient leurs « wahs! wahs! » admiratifs. Il va sans dire que toutes ces interjections étaient moins pour les deux superbes chars que pour le gigantesque éléphant qui les traînait en vomissant des tourbillons de vapeur.

A dix heures, la table fut dressée dans la salle à manger, et moins secoués, certainement, que nous ne l'eussions été dans le compartiment d'un wagon-salon de première classe, nous fîmes honneur au déjeuner de monsieur Parazard.

La route que suivait notre train côtoyait alors la rive gauche de l'Hougly, le plus occidental de ces nombreux bras du Gange, dont l'ensemble comprend l'inextricable réseau du delta des Sunderbunds. Toute cette partie du territoire est de formation alluvionnaire.

« Ce que vous voyez là, mon cher Maucler, me dit Banks, c'est une conquête du fleuve sacré sur le golfe non moins sacré du Bengale. Affaire de temps. Il n'y a peut-être pas une parcelle de cette terre qui ne soit venue des frontières de l'Himalaya, transportée par le courant du Gange. Le fleuve a peu à peu égrené la montagne pour en composer le sol de cette province, où il s'est ménagé un lit...

— Qu'il abandonne souvent pour un autre! ajouta le capitaine Hod. Ah! c'est un capricieux, un fantasque, un lunatique, que ce Gange! On bâtit une ville sur ses bords, et, quelques siècles plus tard, la ville est au milieu d'une plaine, ses quais sont à sec, le fleuve a changé sa direction et son embouchure! Ainsi Rajmahal, ainsi Gaur, toutes les deux, autrefois, baignées par l'infidèle cours d'eau, et qui maintenant meurent de soif au milieu des rizières desséchées de la plaine!

— Eh! répondis-je, ne peut-on craindre que pareil sort ne soit réservé à Calcutta?

— Qui sait?

— Bon! ne sommes-nous pas là! répliqua Banks. Ce n'est qu'une question de digues! Si cela est nécessaire, les ingénieurs sauront bien contenir les débordements de ce Gange! On lui mettra la camisole de force!

— Heureusement pour vous, mon cher Banks, répondis-je, les Indous ne vous entendent pas parler ainsi de leur fleuve sacré! Ils ne vous le pardonneraient pas!

— En effet, répondit Banks, le Gange, c'est un fils de Dieu, s'il n'est Dieu lui-même, et rien de ce qu'il fait n'est mal à leurs yeux!

— Pas même les fièvres, le choléra, la peste qu'il entretient à l'état endémique! s'écria le capitaine Hod. Il est vrai que les tigres et les crocodiles, qui fourmillent dans les Sunderbunds, ne s'en portent pas plus mal. Au contraire! On dirait, vraiment, que l'air empesté convient à ces animaux-là comme l'air pur d'un sanitarium aux Anglo-Indiens pendant la saison chaude. Ah! ces carnassiers! — Fox? dit Hod en se retournant vers son brosseur, qui desservait la table.

— Mon capitaine? répondit Fox.

— N'est-ce pas là que tu as tué ton trente-septième?

— Oui, mon capitaine, à deux milles de Port-Canning, répondit Fox. C'était un soir...

— Il suffit, Fox! reprit le capitaine en achevant un grand verre de grog, je connais l'histoire du trente-septième. Celle du trente-huitième m'intéresserait davantage!

— Le trente-huitième n'est pas encore tué, mon capitaine!

— Tu le tueras, Fox, comme je tuerai, moi, mon quarante et unième! »

Dans les conversations du capitaine Hod et de son brosseur, le mot « tigre », on le voit, n'était jamais prononcé. C'était inutile. Les deux chasseurs se comprenaient.

Cependant, à mesure que nous avancions, l'Hougly, qui est large de près d'un kilomètre devant Calcutta, resserrait peu à peu son lit. En amont de la ville, ce sont d'assez basses rives que celles qui contiennent son cours. Là, trop souvent, s'engouffrent de formidables cyclones, qui étendent leurs désastres sur toute la province. Quartiers entièrement détruits, centaines de maisons écrasées les unes contre les autres, immenses plantations dévastées, milliers de cadavres jonchant la cité et la campagne, telles sont les ruines que ces irrésistibles météores laissent après eux, et dont le cyclone de 1864 a été l'un des plus terribles exemples.

On sait que le climat de l'Inde comprend trois saisons : la saison pluvieuse, la saison froide, la saison chaude. Cette dernière est la plus courte, mais c'est aussi la plus pénible à passer. Mars, avril et mai sont trois mois particulièrement redoutables. Entre tous, mai est le plus chaud. A cette époque, affronter le soleil, pendant certaines heures de la journée, c'est risquer sa vie, — du moins pour les Européens. Il n'est pas rare, en effet, que, même à l'ombre, la colonne thermométrique s'élève à cent six degrés Fahrenheit (environ 41° centigrades).

« Les hommes, dit M. de Valbezen, soufflent alors comme des chevaux cornards, et, pendant la guerre de répression, officiers et soldats étaient obligés de recourir aux douches sur la tête afin de prévenir les congestions. »

Toutefois, grâce à la marche de Steam-House, à l'agitation de la couche d'air provoquée par les battements de la punka, à l'atmosphère humide qui circulait à travers les écrans de vétiver fréquemment arrosés, nous ne souffrions pas trop de la chaleur.

D'ailleurs, la saison des pluies, qui dure depuis le mois de juin jusqu'au mois d'octobre, n'était pas éloignée, et il était à craindre qu'elle fût plus désagréable que la saison chaude. Après tout, dans les conditions où s'opérait notre voyage, nous n'avions rien de grave à redouter.

Vers une heure de l'après-midi, après une délicieuse promenade au petit pas, qui s'était faite sans sortir de notre maison, nous sommes arrivés à Chandernagor.

J'avais déjà visité ce coin de territoire, — le seul

qui reste à la France dans toute la présidence du Bengale. Cette ville, abritée par le drapeau tricolore et qui n'a pas le droit d'entretenir plus de quinze soldats pour sa garde personnelle, cette ancienne rivale de Calcutta pendant les luttes du XVIIIe siècle, est aujourd'hui bien déchue, sans industrie, sans commerce, ses bazars abandonnés, son fort vide. Peut-être Chandernagor aurait-elle repris quelque vitalité, si le railway d'Allahabad eût traversé ou tout au moins longé ses murs; mais, devant les exigences du gouvernement français, la compagnie anglaise a dû faire obliquer sa voie, de manière à contourner notre territoire, et Chandernagor a perdu là l'unique occasion de retrouver quelque importance commerciale.

Notre train n'entra donc pas dans la ville. Il s'arrêta à trois milles, sur la route, à l'entrée d'un bois de lataniers. Lorsque le campement eut été organisé, on aurait dit un commencement de village qui venait se fonder en cet endroit. Mais le village était mobile, et, dès le lendemain, 7 mai, il reprenait sa marche interrompue, après une nuit calme, passée dans nos confortables cabines.

Pendant cette halte, Banks avait fait renouveler le combustible. Bien que la machine eût peu consommé, il tenait à ce que le tender portât toujours sa pleine charge, c'est-à-dire, en eau, en bois ou en charbon, de quoi marcher pendant soixante heures.

Cette règle, le capitaine Hod et son fidèle Fox ne manquaient pas de l'appliquer à eux-mêmes, et leur foyer intérieur, — je veux dire leur estomac, qui offrait une grande surface de chauffe, — était toujours muni de ce combustible azoté, indispensable pour faire marcher bien et longtemps la machine humaine.

Cette fois, l'étape devait être plus longue. Nous allions voyager deux jours, nous reposer deux nuits, de manière à atteindre Burdwan et à visiter cette ville pendant la journée du 9.

A six heures du matin, Storr donnait un coup de sifflet aigu, purgeait ses cylindres, et le Géant d'Acier prenait une allure un peu plus rapide que la veille.

Pendant quelques heures, nous avions côtoyé la voie ferrée, qui, par Burdwan, va rejoindre à Rajmahal la vallée du Gange, qu'elle suit alors jusqu'au delà de Bénarès. Le train de Calcutta vint à passer, à grande vitesse. Il semblait nous défier par les exclamations admiratives des voyageurs. Nous ne répondîmes pas à leur défi. Ils pouvaient aller plus rapidement que nous, mais plus confortablement, non !

Le pays qui fut traversé pendant ces deux jours était invariablement plat et, par cela même, assez monotone. Çà et là se balançaient quelques flexibles cocotiers, dont les derniers échantillons allaient rester en arrière, au delà de Burdwan. Ces arbres, qui appartiennent à la grande famille des palmiers, sont amis des côtes et aiment à retrouver quelques molécules d'air marin dans l'atmosphère qu'ils respirent. Aussi, en dehors d'une zone assez étroite qui confine au littoral, ne les rencontre-t-on plus, et il est inutile de les chercher dans l'Inde centrale. Mais la flore de l'intérieur n'en est pas moins intéressante et variée.

De chaque côté de la route, ce n'était, à proprement parler, qu'un immense échiquier de rizières, qui se dessinait à perte de vue. Le sol était divisé en quadrilatères, endigués comme les marais salants ou les parcs aux huîtres d'un littoral. Mais la couleur verte dominait, et la récolte promettait d'être belle sur cet humide et chaud territoire, dont les buées indiquaient la prodigieuse fertilité.

Le lendemain soir, à l'heure dite, avec une exactitude qu'un express eût enviée, la machine donnait son dernier coup de vapeur et s'arrêtait aux portes de Burdwan.

Administrativement, cette cité est le chef-lieu d'un district anglais, mais le district appartient en propre à un maharajah, qui ne paye pas moins de dix millions d'impôts au gouvernement. La ville est, en grande partie, composée de maisons basses, que séparent de belles allées d'arbres, cocotiers et aréquipiers. Ces allées étaient assez larges pour livrer passage à notre train. Nous allâmes donc camper en un endroit charmant, plein d'ombre et de fraîcheur. Ce soir-là, la capitale du maharajah compta un petit quartier de plus. C'était notre hameau portatif, notre village de deux maisons, et nous ne l'aurions pas changé pour tout le quartier où s'élève le splendide palais d'architecture anglo-indienne du souverain de Burdwan.

Notre éléphant, on le pense, produisit là son effet accoutumé, c'est-à-dire une sorte de terreur admirative chez tous ces Bengalis, qui accouraient de toutes parts, tête nue, les cheveux coupés à la Titus, et ayant pour unique vêtement, les hommes un pagne autour des reins, les femmes un sarri blanc qui les enveloppait de la tête aux pieds.

« Je n'ai qu'une crainte ! dit le capitaine Hod, c'est que le maharajah ne veuille acheter notre Géant d'Acier, et qu'il en offre une telle somme, que nous soyons obligés de le vendre à Sa Hautesse !

— Jamais ! s'écria Banks. Je lui fabriquerai un autre éléphant, quand il le voudra, et si puissant qu'il pourra traîner sa capitale tout entière d'un bout de ses États à l'autre! Mais le nôtre, nous ne le vendrons à aucun prix, n'est-ce pas, Munro?

— A aucun prix! » répondit le colonel du ton d'un homme que l'offre d'un million n'aurait pu séduire.

D'ailleurs, l'achat de notre colosse n'eut pas lieu d'être discuté. Le maharajah n'était point à Burdwan. La seule visite que nous reçûmes fut celle de son « kâmdar », sorte de secrétaire intime, qui vint examiner notre équipage. Cela fait, ce personnage nous offrit, — ce qui fut accepté volontiers, — d'explorer les jardins du palais, plantés des plus beaux échantillons de la végétation tropicale, arrosés d'eaux vives qui se distribuent en étangs ou courent en ruisseaux, de visiter le parc, orné de kiosques fantaisistes du plus charmant effet, tapissé de pelouses verdoyantes, peuplé de chevreuils, de cerfs, de daims, d'éléphants, représentants de la faune domestique, et de tigres, de lions, de panthères, d'ours, représentants de la faune sauvage, logés dans des ménageries superbes.

« Des tigres en cage comme des oiseaux, mon capitaine! s'écria Fox. Si cela ne fait pas pitié!

— Oui, Fox! répondit le capitaine. Si on les consultait, ces honnêtes fauves, ils aimeraient mieux rôder librement dans les jungles... même à portée d'une carabine à balle explosive!

— Ah ! comme je comprends cela, mon capitaine ! » répondit le brosseur, en laissant échapper un soupir.

Le lendemain, 10 mai, nous quittions Burdwan. Steam-House, bien approvisionné, franchissait la voie ferrée sur un passage à niveau, et se dirigeait directement vers Ramghur, ville située à soixante-quinze lieues environ de Calcutta.

Cet itinéraire, il est vrai, laissait sur notre droite l'importante ville de Mourchedabad, qui n'est curieuse ni dans sa partie indienne, ni dans sa partie anglaise ; Monghir, une sorte de Birmingham de l'Indoustan, perchée sur un promontoire qui domine le cours du fleuve sacré ; Patna, la capitale de ce royaume du Béhar que nous allions traverser obliquement, riche centre de commerce pour l'opium, et qui tend à disparaître sous l'envahissement des plantes grimpantes, dont sa flore foisonne. Mais nous avions mieux à faire : c'était de suivre une direction plus méridionale, à deux degrés au-dessous de la vallée du Gange.

Pendant cette partie du voyage, le Géant d'Acier fut un peu plus poussé et soutint un léger trot, qui nous permit d'apprécier l'excellente installation de nos maisons suspendues. La route était belle, d'ailleurs, et se prêtait à l'épreuve. Les carnassiers s'effrayaient-ils au passage du gigantesque éléphant, vomissant fumée et vapeur, cela est possible! En tout cas, au grand étonnement du capitaine Hod, nous n'en voyions aucun au milieu des jungles de ce territoire. Au surplus, c'était à travers les régions septentrionales de l'Inde, non dans les provinces du Bengale, qu'il comptait satisfaire ses instincts de chasseur, et il ne songeait pas encore à se plaindre.

Le 15 mai, nous étions près de Ramghur, à cinquante lieues environ de Burdwan. La moyenne de la vitesse avait été d'une quinzaine de lieues par douze heures, pas davantage.

Trois jours après, le 18, le train s'arrêtait, cent kilomètres plus loin, près de la petite ville de Chittra.

Aucun incident n'avait marqué cette première période du voyage. Les journées étaient chaudes, mais combien la sieste était facile à l'abri des vérandahs! Nous y passions les heures les plus ardentes dans un farniente délicieux.

Le soir venu, Storr et Kâlouth, sous les yeux de Banks, s'occupaient de nettoyer la chaudière et de visiter la machine.

Pendant ce temps, le capitaine Hod et moi, accompagnés de Fox, de Goûmi et des deux chiens d'arrêt, nous allions chasser aux environs du campement. Ce n'était encore que le petit gibier de poil et de plume ; mais si le capitaine en faisait fi comme chasseur, il n'en faisait pas fi comme gourmet, et le lendemain, à son extrême contentement comme à la grande satisfaction de monsieur Parazard, le menu du repas comptait quelques pièces savoureuses, qui économisaient nos conserves.

Quelquefois, Goûmi et Fox restaient pour faire l'office de bûcherons et de porteurs d'eau. Ne fallait-il pas réapprovisionner le tender pour la journée du lendemain? Aussi, autant que possible, Banks choisissait-il les lieux de halte sur les bords d'un ruisseau, à proximité de quelque bois. Tout ce ravitaillement indispensable s'opérait sous la direction de l'ingénieur, qui ne négligeait aucun détail.

Puis, lorsque tout était terminé, nous allumions nos cigares, — d'excellents « cherouts » de Manille, — et nous fumions en causant de ce pays que Hod et Banks connaissaient à fond. Quant au capitaine, dédaignant le vulgaire cigare, il aspirait de ses vigoureux poumons, à travers un tuyau long de vingt pieds, la fumée aromatisée d'un « houkah », soigneusement bourré par la main de son brosseur.

Notre plus grand désir eût été que le colonel Munro nous suivît pendant ces rapides excursions aux abords du campement. Invariablement, nous le lui proposions au moment de partir, mais, invariablement aussi, il déclinait notre offre et restait avec le sergent Mac Neil. Tous deux, alors, se promenaient sur la route, allant et venant pendant une centaine de pas. Ils parlaient peu, mais ils semblaient s'entendre à merveille, et n'avaient plus besoin d'échanger des paroles pour échanger des pensées. Ils étaient l'un et l'autre entièrement absorbés dans ces funestes souvenirs que rien ne pouvait effacer. Qui sait même si ces souvenirs ne se ravivaient pas, à mesure que sir Edward Munro et le sergent se rapprochaient du théâtre de la sanglante insurrection !

Evidemment, quelque idée fixe, que nous ne connaîtrons que plus tard, et non le simple désir de ne pas se séparer de nous, avait engagé le colonel Munro à se joindre à cette expédition dans le nord de l'Inde. Je dois dire que Banks et le capitaine Hod partageaient ma manière de voir à cet égard. Aussi, tous trois, non sans une certaine inquiétude pour l'avenir, nous nous demandions si cet éléphant d'acier, en courant à travers les plaines de la péninsule, n'entraînait pas tout un drame avec lui.

CHAPITRE VII

LES PÈLERINS DU PHALGOU

Le Behar formait autrefois l'empire de Magadha. C'était une sorte de territoire sacré, au temps des Bouddhistes, et il est encore couvert de temples et de monastères. Mais, depuis bien des siècles, les brahmanes ont succédé aux prêtres de Bouddha. Ils se sont emparés des « viharas », ils les exploitent, ils vivent des produits du culte; les fidèles leur arrivent de toutes parts; ils font concurrence aux eaux sacrées du Gange, aux pèlerinages de Bénarès, aux cérémonies de Jaggernaut; enfin, on peut dire que la contrée leur appartient.

Riche pays, avec ses immenses rizières d'un vert émeraude et ses vastes plantations de pavots, avec ses nombreuses bourgades, perdues dans la verdure, ombragées de palmiers, de manguiers, de dattiers, de taras, sur lesquels la nature a jeté, comme un filet, un inextricable réseau de lianes. Les routes que suit Steam-House forment autant de berceaux touffus, dont un sol humide entretient la fraîcheur. Nous avançons, la carte sous les yeux, sans jamais craindre de nous égarer. Les hennissements de notre éléphant se mêlent aux assourdissants concerts de la gent ailée et aux discordantes criailleries des tribus simiesques. Sa fumée enroule d'épaisses volutes aux phénix champêtres, aux bananiers, dont les fruits dorés se détachent comme des étoiles au milieu de légers nuages. Sur son passage se lèvent des volées de ces frêles oiseaux de riz, qui confondent leur plumage blanc avec les blanches spirales de la vapeur. Çà et là, des groupes de banians, des bouquets de pamplemousses, des carrés de « dalhs », espèces de pois arborescents que supporte une tige haute d'un mètre, se détachent en vigueur, et servent de repoussoirs aux paysages des arrière-plans.

Mais quelle chaleur ! A peine un peu d'air humide se propage-t-il à travers les nattes de vétiver de nos fenêtres ! Les « hot winds », — les vents chauds, — qui se sont chargés de calorique en caressant la surface des longues plaines de l'ouest, couvrent la campagne de leur haleine embrasée. Il est temps que la mousson de juin vienne modifier l'état atmosphérique. Nul ne pourrait supporter les atteintes de ce soleil de feu, sans être menacé de quelque suffocation mortelle.

Aussi, la campagne est-elle déserte. Les « raïots » eux-mêmes, quoique bien aguerris à ces jets de rayons embrasés, ne pourraient se livrer aux travaux de culture. La route ombreuse est seule praticable, et encore à la condition de la parcourir à l'abri de notre bungalow roulant. Il faut que le chauffeur Kâlouth soit, je ne dirai pas de platine, car du platine fondrait, mais de carbone pur, pour ne pas entrer en fusion devant la grille ardente de sa chaudière. Non! le brave Indou résiste. Il s'est fait comme une seconde nature réfractaire, à vivre sur la plate-forme des locomotives, en courant les railways de l'Inde centrale!

Le thermomètre, suspendu aux parois de la salle à manger, a marqué cent six degrés Fahrenheit (41°11 centig.) dans la journée du 19 mai. Ce soir-là, nous n'avons pu faire notre hygiénique promenade de l' « hawakana ». Ce mot signifie proprement « manger de l'air », c'est-à-dire qu'après les étouffements produits par une journée tropicale, on va respirer un peu de l'air tiède et pur du soir. Cette fois, c'est l'atmosphère qui nous aurait dévorés.

« Monsieur Maucler, me dit le sergent Mac Neil, cela me rappelle les derniers jours de mars, pendant lesquels sir Hugh Rose, avec une batterie de deux pièces seulement, essayait de faire brèche à l'enceinte de Jansi. Il y avait seize jours que nous avions passé la Betwa, et, depuis seize jours, les chevaux n'avaient pas été une seule fois débridés. Nous nous battions entre d'énormes murailles de granit, autant dire entre les parois de briques d'un haut fourneau. Dans nos rangs passaient des « chitsis » qui portaient de l'eau dans leurs outres, et, tandis que nous faisions le coup de feu, ils nous la versaient sur la tête, sans quoi nous serions tombés foudroyés. Tenez! Je me souviens! J'étais épuisé. Mon crâne éclatait. J'allais tomber.... Le colonel Munro me voit, et, arrachant l'outre des mains d'un chitsi, il la verse sur moi... et c'était la dernière que les porteurs avaient pu se procurer!... Cela ne s'oublie pas, voyez-vous! Non! goutte de sang pour goutte d'eau! Alors même que j'aurais donné tout le mien pour mon colonel, je serais encore son débiteur!

— Sergent Mac Neil, demandai-je, ne trouvez-vous pas que, depuis notre départ, le colonel Munro a l'air plus préoccupé que d'habitude? Il semble que chaque jour...

— Oui, monsieur, répondit Mac Neil, qui m'interrompit assez vivement, mais cela n'est que trop naturel ! Mon colonel se rapproche de Lucknow, de Cawnpore, là où Nana Sahib a fait massacrer... Ah! je ne puis parler de cela sans que le sang ne me monte à la tête ! Peut-être eût-il mieux valu modifier l'itinéraire de ce voyage, et ne pas traverser les provinces que la révolte a dévastées ! Nous sommes encore trop près de ces terribles événements pour que le souvenir s'en soit affaibli !

— Pourquoi ne pas changer notre route ! dis-je alors. Si vous le voulez, Mac Neil, je vais en parler à Banks, au capitaine Hod....

— Il est trop tard, répondit le sergent. J'ai lieu de penser, d'ailleurs, que mon colonel tient à revoir, une dernière fois peut-être, le théâtre de cette guerre horrible, qu'il veut aller là ou lady Munro a trouvé la mort, et quelle mort!

— Si vous le pensez, Mac Neil, répondis-je, mieux vaut laisser faire le colonel Munro, et ne rien changer à nos projets. C'est souvent une consolation et comme un adoucissement à la douleur que d'aller pleurer sur la tombe de ceux qui nous sont chers...

— Sur la tombe, oui ! s'écria Mac Neil. Mais est-ce donc une tombe, ce puits de Cawnpore, où tant de victimes ont été précipitées pêle-mêle! Est-ce là un monument funéraire qui nous rappelle ceux que de pieuses mains entretiennent dans nos cimetières d'Écosse, au milieu des fleurs, sous l'ombre des beaux arbres, avec un nom, un seul, le nom de celui qui n'est plus! Ah! monsieur, je crains que la douleur de mon colonel ne soit épouvantable! Mais, je vous le répète, il est trop tard maintenant pour le détourner de ce chemin. Qui sait s'il ne refuserait pas dès lors de nous suivre! Oui! laissons aller les choses, et que Dieu nous conduise! »

Évidemment, Mac Neil, en parlant ainsi, savait à quoi s'en tenir sur les projets de sir Edward Munro. Mais me disait-il bien tout et n'était-ce que le projet de revoir Cawnpore qui avait décidé le colonel à quitter Calcutta? Quoi qu'il en soit, c'était maintenant comme un aimant qui l'attirait vers le théâtre où s'était fait le dénouement de ce funeste drame!... Il fallait laisser faire!

J'eus alors la pensée de demander au sergent s'il avait renoncé, lui, pour son propre compte, à toute idée de vengeance, en un mot s'il croyait que Nana Sahib fût mort.

« Non, me répondit nettement Mac Neil. Bien que je n'aie aucun indice sur lequel je puisse fonder mon opinion, je ne crois pas, je ne peux pas croire que Nana Sahib ait pu mourir sans avoir été puni de tant de crimes! Non! Et, cependant, je ne sais rien, je n'ai rien appris!... C'est comme un instinct qui me pousse!... Ah! monsieur! se faire un but d'une vengeance légitime, ce serait quelque chose dans la vie! Fasse le ciel que mes pressentiments ne me trompent pas, et un jour... »

Le sergent n'acheva pas... Son geste indiqua ce que sa bouche n'avait pas voulu dire. Le serviteur était à l'unisson du maître!

Lorsque je rapportai le sens de cette conversation à Banks et au capitaine Hod, tous deux furent d'accord que l'itinéraire ne devait et ne pouvait être modifié. D'ailleurs, il n'avait jamais été question de passer par Cawnpore, et, le Gange une fois franchi à Bénarès, nous devions nous élever directement dans le nord, en traversant la partie orientale des royaumes de l'Oude et du Rohilkhande. Quoi que pût penser Mac Neil, il n'était pas certain que sir Edward Munro voulût revoir Lucknow ou Cawnpore, qui lui rappelleraient tant d'horribles souvenirs; mais enfin, s'il le voulait, on ne le contrarierait pas sur ce point.

Quant à Nana Sahib, sa notoriété était telle, que si la notice qui signalait sa réapparition dans la présidence de Bombay avait dit la vérité, nous aurions dû en entendre parler de nouveau. Mais, à notre départ de Calcutta, il n'était déjà plus question du nabab, et les renseignements recueillis sur notre route donnaient à penser que l'autorité avait été induite en erreur.

En tout cas, si, par impossible, il y avait là quelque chose de vrai, si le colonel Munro avait un dessein secret, il pouvait paraître étonnant que Banks, son plus intime ami, n'en fût pas le confident, de préférence au sergent Mac Neil. Mais cela tenait sans doute, ainsi que le dit Banks, à ce qu'il eût tout fait pour empêcher le colonel de se lancer dans de périlleuses et inutiles recherches, tandis que le sergent devait l'y pousser!

Le 19 mai, vers midi, nous avions dépassé la bourgade de Chittra. Steam-House se trouvait maintenant à quatre cent cinquante kilomètres de son point de départ.

Le lendemain, 20 mai, à la nuit tombante, le Géant d'Acier arrivait, après une journée torride, aux environs de Gaya. La halte se fit sur le bord d'une rivière sacrée, le Phalgou, qui est bien connue des pèlerins. Les deux maisons s'établirent sur une jolie berge, ombragée de beaux arbres, à deux milles à peu près de la ville.

Notre intention était de passer trente-six heures

en cet endroit, c'est-à-dire deux nuits et un jour, car le lieu était très curieux à visiter, ainsi que je l'ai dit plus haut.

Le lendemain, dès quatre heures du matin, afin d'éviter les chaleurs de midi, Banks, le capitaine Hod et moi, après avoir pris congé du colonel Munro, nous nous dirigions vers Gaya.

On affirme que cent cinquante mille dévots affluent annuellement dans ce centre des établissements brahmaniques. En effet, aux approches de la ville, les chemins étaient envahis par un très grand nombre d'hommes, de femmes, de vieillards, d'enfants. Tout ce monde s'en allait processionnellement à travers la campagne, ayant bravé les mille fatigues d'un long pèlerinage, pour accomplir ses devoirs religieux.

Banks avait déjà visité ce territoire du Behar à l'époque où il faisait les études d'un chemin de fer, qui n'est pas encore en cours d'exécution. Il connaissait donc le pays, et nous ne pouvions avoir un meilleur guide. Il avait d'ailleurs obligé le capitaine Hod à laisser au campement tout son attirail de chasseur. Donc, nulle crainte que notre Nemrod nous abandonnât en route.

Un peu avant d'arriver à la ville, à laquelle on peut justement donner le nom de Cité sainte, Banks nous fit arrêter devant un arbre sacré, autour duquel des pèlerins de tout âge et de tout sexe se tenaient dans la posture de l'adoration.

Cet arbre était un « pîpal », au tronc énorme; mais, bien que la plupart de ses branches fussent déjà tombées de vieillesse, il ne devait pas compter plus de deux à trois cents ans d'existence. C'est ce que devait constater M. Louis Rousselet, deux ans plus tard, pendant son intéressant voyage à travers l'Inde des Rajahs.

Arbre Boddhi, tel était, en religion, le nom de ce dernier représentant de la génération de pîpals sacrés, qui ombragèrent cette place même, pendant une longue série de siècles, et dont le premier fut planté cinq cents ans avant l'ère chrétienne. Il est probable que, pour les fanatiques prosternés à ses pieds, c'était l'arbre même que Bouddha consacra en ce lieu.

Il se dresse maintenant sur une terrasse en ruines, tout près d'un temple de briques, dont l'origine est évidemment très ancienne.

La présence de trois Européens, au milieu de ces milliers d'Indous, ne fut pas vue d'un très bon œil. On ne nous dit rien, cependant, mais nous ne pûmes arriver jusqu'à la terrasse ni pénétrer dans les ruines du temple. Du reste, les pèlerins les encombraient, et il eût été difficile de se frayer un chemin parmi eux.

« S'il y avait eu là quelque brahmane, dit Banks, notre visite aurait été plus complète, et nous eussions peut-être pu visiter l'édifice jusque dans ses profondeurs.

— Comment! répondis-je, un prêtre eût été moins sévère que ses propres fidèles?

— Mon cher Maucler, répondit Banks, il n'y a pas de sévérité qui tienne devant l'offre de quelques roupies. Après tout, il faut bien que les brahmanes vivent!

— Je n'en vois pas la nécessité, » répondit le capitaine Hod, qui avait le tort de ne pas professer pour les Indous, leurs mœurs, leurs préjugés, leurs coutumes et les objets de leur vénération, la tolérance que ses compatriotes leur accordent très justement.

Pour le moment, l'Inde n'était pour lui qu'un vaste territoire de « chasses réservées », et, à la population des villes ou des campagnes, il préférait incontestablement les féroces carnassiers des jungles.

Après une station convenable au pied de l'arbre sacré, Banks nous conduisit sur la route dans la direction de Gaya. A mesure que nous approchions de la ville sainte, la foule des pèlerins s'accroissait. Bientôt, dans une éclaircie de verdure, Gaya nous apparut sur la cime du rocher qu'elle couronne de ses constructions pittoresques.

Ce qui attire surtout l'attention des touristes en cet endroit, c'est le temple de Vishnou. Il est de construction moderne, puisqu'il a été rebâti, voilà quelques années seulement, par la reine d'Holcar. La grande curiosité de ce temple, ce sont les empreintes laissées par Vishnou en personne, lorsqu'il daigna descendre sur la terre pour lutter avec le démon Maya. La lutte entre un dieu et un diable ne pouvait être longtemps douteuse. Le démon succomba, et un bloc de pierre, visible dans l'enceinte même de Vishnou-Pad, témoigne, par les profondes empreintes des pieds de son adversaire, que ce diable avait affaire à forte partie.

Je dis « un bloc de pierre visible », et je me hâte d'ajouter « visible pour les Indous seulement ». En effet, aucun Européen n'est admis à contempler ces divins vestiges. Peut-être, pour bien les distinguer sur la pierre miraculeuse, faut-il une foi robuste, qui ne se rencontre plus chez les croyants des contrées occidentales. Cette fois, quoi qu'il en eût, Banks en fut pour l'offre de ses roupies. Aucun prêtre ne voulut accepter ce qui eût été le prix d'un sacrilège. La somme ne fut-elle pas à la hauteur d'une conscience de brahmane, je n'oserais décider ce point. Toujours est-il que nous ne pûmes pénétrer dans le temple, et j'en suis encore à savoir quelle est la « pointure » de ce doux et beau jeune homme d'une couleur azurée, vêtu comme un roi des anciens temps, célèbre par ses dix incarnations, qui représente le principe conservateur opposé à Siva, le farouche emblème du principe destructeur, et que les Vaichnavas, adorateurs de Vishnou, reconnaissent comme le premier des trois cent trente millions de dieux qui peuplent leur mythologie éminemment polythéiste.

Mais il n'y avait pas lieu de regretter notre excursion à la ville sainte, ni au Vishnou-Pad. Dépeindre le pêle-mêle de temples, la succession de cours, l'agglomération de viharas qu'il nous fallut contourner ou traverser pour arriver jusqu'à lui, ce serait impossible. Thésée lui-même, le fil d'Ariane à la main, se serait perdu dans ce labyrinthe! Nous redescendîmes donc le rocher de Gaya.

Le capitaine Hod était furieux. Il avait voulu faire un mauvais parti au brahmane qui nous refusait l'accès du Vishnou-Pad.

« Y pensez-vous, Hod? lui avait dit Banks, en le retenant. Ne savez-vous pas que les Indous regardent leurs prêtres, les brahmanes, non seulement comme des êtres d'un sang illustre, mais aussi comme des êtres d'une origine supérieure? »

Lorsque nous fûmes arrivés à la partie du Phalgou qui baigne le rocher de Gaya, la prodigieuse agglomération des pèlerins se développa largement sous nos regards. Là se coudoyaient, dans un pêle-mêle sans nom, hommes et femmes, vieillards et enfants, citadins et ruraux, riches babous et pauvres raïots de la plus infime catégorie, des Vaïchyas, marchands et agriculteurs, des Kchatryas, fiers guerriers du pays, des Sudras, misérables artisans de sectes différentes, des parias, qui sont hors la loi, et dont les yeux souillent les objets qu'ils regardent, — en un mot, toutes les classes ou toutes les castes de l'Inde, le Radjoupt vigoureux repoussant du coude le Bengali malingre, les gens du Pendjab opposés aux mahométans du Scinde. Les uns sont venus en palanquins, les autres dans des voitures traînées par les grands bœufs à bosse. Ceux-ci sont étendus près de leurs chameaux, dont la tête vipérine s'allonge sur le sol, ceux-là ont fait la route à pied, et il en arrive encore de toutes les parties de la péninsule. Çà et là se dressent des tentes, çà et là des charrettes dételées, çà et là des huttes de branches, qui servent de demeures provisoires à tout ce monde.

« Quelle cohue! dit le capitaine Hod.

— Les eaux du Phalgou ne seront pas agréables à boire au coucher du soleil! fit observer Banks.

— Et pourquoi? demandai-je.

— Parce que ces eaux sont sacrées, et que toute cette foule suspecte va s'y baigner, comme les Gangistes le font dans les eaux du Gange.

— Sommes-nous donc en aval? s'écria Hod, en tendant la main dans la direction où se trouvait notre campement.

— Non, mon capitaine, rassurez-vous, répondit l'ingénieur, nous sommes en amont.

— A la bonne heure, Banks! Il ne faut pas qu'on abreuve à cette source impure notre Géant d'Acier! »

Cependant, nous passions au milieu de ces milliers d'Indous, entassés sur un espace assez restreint.

L'oreille était tout d'abord frappée d'un bruit discordant de chaînes et de sonnettes. C'étaient les mendiants qui faisaient appel à la charité publique.

Là fourmillaient des échantillons variés de cette confrérie truandière, si considérable dans toute la péninsule indienne. La plupart étalaient de fausses plaies, comme les Clopin-Trouillefou du moyen âge. Mais si les mendiants de profession sont de faux infirmes pour la plupart, il n'en est pas ainsi des fanatiques. En effet, il eût été difficile de pousser la conviction plus loin.

Des faquirs, des goussaïns étaient là, presque nus, couverts de cendre; celui-ci, le bras ankylosé par une tension prolongée; celui-là, la main traversée par les ongles de ses propres doigts.

D'autres s'étaient imposé la condition de mesurer avec leur corps tout le chemin parcouru depuis leur départ. S'étendant sur le sol, se relevant, s'étendant encore, ils avaient fait des centaines de lieues de cette façon, comme s'ils eussent servi de chaîne d'arpenteur.

Ici, des fidèles, enivrés par le hang, — opium liquide mêlé d'une infusion de chanvre, — étaient attachés à des branches d'arbres par des crocs de fer enfoncés dans leurs épaules. Ainsi pendus, ils tournaient sur eux-mêmes jusqu'à ce que leur chair vînt à manquer et qu'ils tombassent dans les eaux du Phalgou.

Là, d'autres, en l'honneur de Siva, les jambes percées, la langue perforée, des flèches les traversant d'outre en outre, faisaient lécher par des serpents le sang qui coulait de leurs plaies. Tout ce spectacle ne pouvait être que fort répugnant pour le regard d'un Européen. Aussi, avais-je hâte de passer, lorsque Banks, m'arrêtant tout d'un coup :

« L'heure de la prière! » dit-il.

En ce moment, un brahmane parut au milieu de la foule. Il leva la main droite et la dirigea vers le soleil, que le massif du rocher de Gaya avait caché jusqu'alors.

Le premier rayon, lancé par l'astre radieux, fut le signal. La foule, à peu près nue, entra dans les eaux sacrées. Il y eut alors de simples immersions, comme aux premiers temps du baptême; mais, je dois le dire, elles ne tardèrent pas à se changer en véritables parties de pleine eau, dont le caractère religieux était difficile à saisir. J'ignore si les initiés, en récitant les « slocas » ou versets, que, pour un prix convenu, leur dictaient les prêtres, songeaient plus à laver leur corps que leur âme. La vérité est qu'après avoir pris de l'eau dans le creux de la main, après en avoir aspergé les quatre points cardinaux, ils s'en jetaient quelques gouttes au visage, comme des baigneurs qui s'amusent dans les premières lames d'une grève de bains de mer. Je dois ajouter, d'ailleurs, qu'ils n'oubliaient pas de s'arracher au moins un cheveu pour chaque péché qu'ils avaient commis. Combien y en avait-il là qui eussent mérité de sortir chauves des eaux du Phalgou!

Et tels étaient les ébats balnéaires de ces fidèles,

tantôt troublant l'eau par leurs subits plongeons, tantôt la battant du talon comme un nageur émérite, que les alligators effrayés s'enfuyaient à la rive opposée.

Là, d'un œil glauque fixé sur toute cette foule bruyante qui envahissait leur domaine, ils regardaient et restaient en ligne, faisant retentir l'air du claquement de leurs formidables mâchoires. Les pèlerins, d'ailleurs, ne s'en souciaient pas plus que de lézards inoffensifs.

Il était temps de laisser ces singuliers dévots se mettre en état d'entrer dans le Kaïlas, qui est le paradis de Brahma. Nous remontâmes donc la rive du Phalgou, afin de rejoindre le campement.

Le déjeuner nous réunit tous à table, et le reste de la journée, qui avait été extrêmement chaude, se passa sans incidents. Le capitaine Hod, vers le soir, alla battre la plaine environnante et rapporta quelque menu gibier. Pendant ce temps, Storr, Kâlouth et Goûmi refaisaient la provision d'eau et de combustible, et chargeaient le foyer. Il était, en effet, question de partir au petit jour.

A neuf heures du soir, nous avions tous regagné nos chambres. Une nuit très calme, mais assez obscure, se préparait. D'épais nuages cachaient les étoiles et alourdissaient l'atmosphère. La chaleur ne perdait rien de son intensité, même avec le coucher du soleil.

J'eus quelque peine à m'endormir, tant la température était étouffante. A travers ma fenêtre, que j'avais laissée ouverte, ne pénétrait qu'un air brûlant, qui me paraissait très impropre au fonctionnement régulier des poumons.

Minuit arriva, sans que j'eusse trouvé un seul instant de repos. J'avais pourtant la ferme intention de dormir pendant trois ou quatre heures avant le départ, mais j'avais aussi le tort de vouloir commander le sommeil. Le sommeil me fuyait. La volonté n'y peut rien, au contraire.

Il devait être une heure du matin, environ, lorsque je crus entendre un sourd murmure, qui se propageait le long des rives du Phalgou.

L'idée me vint d'abord que, sous l'influence d'une atmosphère très saturée d'électricité, quelque vent d'orage commençait à se lever dans l'ouest. Il serait brûlant, sans doute, mais enfin il déplacerait les couches de l'air, et le rendrait peut-être plus respirable.

Je me trompais. La ramure des arbres qui abritaient le campement gardait une absolue immobilité.

Je passai la tête à travers la baie de ma fenêtre, et j'écoutai. Le murmure lointain se fit encore entendre, mais je ne vis rien. La nappe du Phalgou était entièrement sombre, sans aucun de ces reflets tremblotants qu'eût produits une agitation quelconque de sa surface. Le bruit ne venait ni de l'eau ni de l'air.

Cependant, je n'aperçus rien de suspect. Je me recouchai donc, et, la fatigue l'emportant, je commençai à m'assoupir. A de certains intervalles, quelques bouffées de cet inexplicable murmure m'arrivaient encore, mais je finis par m'endormir tout à fait.

Deux heures après, au moment où les premières blancheurs de l'aube se glissaient à travers les ténèbres, je fus brusquement réveillé.

On appelait l'ingénieur.

« Monsieur Banks?

— Que me veut-on?

— Venez donc. »

J'avais reconnu la voix de Banks et celle du mécanicien qui venait d'entrer dans le couloir.

Je me levai aussitôt et quittai ma cabine. Banks et Storr étaient déjà sous la vérandah de l'avant. Le colonel Munro m'y avait précédé, et le capitaine Hod ne tarda pas à nous rejoindre.

« Qu'y a-t-il? demanda l'ingénieur.

— Regardez, monsieur, » répondit Storr.

Quelques lueurs du jour naissant permettaient d'observer les rives du Phalgou et une partie de la route qui se développait en avant sur un espace de plusieurs milles. Notre surprise fut grande, lorsque nous aperçûmes plusieurs centaines d'Indous, couchés par groupes, qui encombraient les berges et le chemin.

« Ce sont nos pèlerins d'hier, dit le capitaine Hod.

— Que font-ils là ? demandai-je.

— Ils attendent, sans doute, que le soleil se lève, répondit le capitaine, afin de se plonger dans les eaux sacrées !

— Non, répondit Banks. Ne peuvent-ils faire leurs ablutions à Gaya même ? S'ils s'ont venus ici, c'est que...

— C'est que notre Géant d'Acier a produit son effet habituel ! s'écria le capitaine Hod. Ils auront su qu'un éléphant gigantesque, un colosse, comme ils n'en avaient jamais vu, était dans le voisinage, et ils sont venus l'admirer !

— Pourvu qu'ils s'en tiennent à l'admiration ! répondit l'ingénieur, en secouant la tête.

— Que crains-tu donc, Banks ? demanda le colone Munro.

— Eh ! je crains... que ces fanatiques ne barrent le passage et ne gênent notre marche !

— En tout cas, sois prudent! Avec de tels dévots, on ne saurait trop prendre de précautions.

— En effet, » répondit Banks.

Puis, appelant le chauffeur :

« Kâlouth, demanda-t-il, les feux sont-ils prêts?

— Oui, monsieur.

— Eh bien, allume.

— Oui, allume, Kâlouth! s'écria le capitaine Hod. Chauffe, Kâlouth, et que notre éléphant crache à la figure de tous ces pèlerins son haleine de fumée et de vapeur! »

Il était alors trois heures et demie du matin. Il ne fallait qu'une demi-heure, au plus, pour que la machine fût en pression. Les feux furent aussitôt allumés, le bois pétilla dans le foyer, et une fumée noire s'échappa de la gigantesque trompe de l'éléphant, dont l'extrémité se perdait dans les branches des grands arbres.

En ce moment, quelques groupes d'Indous se rapprochèrent. Il se fit un mouvement général dans la foule. Notre train fut serré de plus près. Aux premiers rangs de ces pèlerins, on levait les bras en l'air, on les étendait vers l'éléphant, on se courbait, on s'agenouillait, on se prosternait jusque dans la poussière. C'était évidemment de l'adoration, portée au plus haut point.

Nous étions donc là, sous la vérandah, le colonel Munro, le capitaine Hod et moi, assez inquiets de savoir où s'arrêterait ce fanatisme. Mac Neil nous avait rejoints et regardait silencieusement. Quant à Banks, il était allé prendre place avec Storr dans la tourelle que portait l'énorme animal, et d'où il pouvait le manœuvrer à son gré.

A quatre heures, la chaudière ronflait déjà. Ce ronflement sonore devait être pris par les Indous pour le grondement irrité d'un éléphant d'un ordre surnaturel. En ce moment, le manomètre indiquait une pression de cinq atmosphères, et Storr laissait fuir la vapeur par les soupapes, comme si elle eût transpiré à travers la peau du gigantesque pachyderme.

« Nous sommes en pression, Munro ! cria Banks.

— Va, Banks, répondit le colonel, mais va prudemment et n'écrasons personne ! »

Il faisait presque jour alors. La route qui longe la rive du Phalgou était entièrement occupée par cette foule de dévots, peu disposée à nous livrer passage. Dans ces conditions, aller de l'avant et n'écraser personne, ce n'était pas chose facile.

Banks donna deux ou trois coups de sifflet, auxquels les pèlerins répondirent par des hurlements frénétiques.

« Rangez-vous! Rangez-vous! » cria l'ingénieur, en ordonnant au mécanicien d'ouvrir un peu le régulateur.

Les mugissements de la vapeur, qui se précipitait dans les cylindres, se firent entendre. La machine s'ébranla d'un demi-tour de roue. Un puissant jet de fumée blanche s'échappa de la trompe.

La foule s'était un instant écartée. Le régulateur fut alors ouvert à demi. Les hennissements du Géant d'Acier s'accrurent, et notre train commença à se mouvoir entre les rangs pressés des Indous, qui ne semblaient pas vouloir lui faire place.

« Banks, prenez garde! » m'écriai-je tout à coup.

En me penchant en dehors de la vérandah, je venais de voir une douzaine de ces fanatiques se jeter sur la route, avec la volonté bien évidente de se faire écraser sous les roues de la lourde machine.

« Attention! attention! Retirez-vous, » disait le colonel Munro, qui leur faisait signe de se relever.

— Les imbéciles! criait à son tour le capitaine Hod. Ils prennent notre appareil pour le char de Jaggernaut! Ils veulent se faire broyer sous les pieds de l'éléphant sacré! »

Sur un signe de Banks, le mécanicien ferma l'introduction de la vapeur. Les pèlerins, étendus en travers du chemin, paraissaient décidés à ne point se relever. Autour d'eux, la foule fanatisée poussait des cris et les encourageait du geste.

La machine s'était arrêtée. Banks ne savait plus que faire et était très embarrassé.

Tout à coup, une idée lui vint.

« Nous allons bien voir ! » dit-il.

Il ouvrit aussitôt le robinet des purgeurs des cylindres, et d'intenses jets de vapeur fusèrent au ras du sol, pendant que l'air retentissait de sifflets stridents.

« Hurrah ! hurrah ! hurrah ! s'écria le capitaine Hod. Cinglez-les, ami Banks, cinglez-les ! »

Le moyen était bon. Les fanatiques, atteints par les jets de vapeur, se relevèrent en poussant des cris d'échaudés. Se faire écraser, bien ! Se faire brûler, non !

La foule recula et le chemin redevint libre. Le régulateur fut alors ouvert en grand, les roues mordirent profondément le sol.

« En avant ! en avant ! » cria le capitaine Hod, qui battait des mains et riait de bon cœur.

Et, d'un train plus rapide, le Géant d'Acier, filant droit sur la route, disparut bientôt aux yeux de la foule ébahie, comme un animal fantastique, dans un nuage de vapeur.

CHAPITRE VIII

QUELQUES HEURES A BÉNARÈS

La grande route était maintenant ouverte devant Steam-House, — cette route qui, par Sasserâm, allait nous conduire à la rive droite du Gange, en face de Bénarès.

Un mille au delà du campement, la machine ralentie prit une allure plus modérée, soit environ deux lieues et demie à l'heure. L'intention de Banks était de camper le soir même à vingt-cinq lieues de Gaya, et de passer tranquillement la nuit aux environs de la petite ville de Sasserâm.

En général, les routes de l'Inde évitent autant que possible les cours d'eau, qui nécessitent des ponts, lesquels sont assez coûteux à établir sur ces terrains de formation alluvionnaire. Aussi sont-ils encore à construire en beaucoup d'endroits, où il n'a pas été possible d'empêcher une rivière ou un fleuve de barrer le chemin. Il est vrai, le bac est là, cet antique et rudimentaire appareil, qui, pour transporter notre train, eût été insuffisant, à coup sûr. Fort heureusement, nous pouvions nous en passer.

Précisément, pendant cette journée, il fallut franchir un important cours d'eau, la Sône. Cette rivière, alimentée au-dessus de Rhotas par ses affluents du Coput et du Coyle, va se perdre dans le Gange, à peu près entre Arrah et Dinapore.

Rien ne fut plus aisé que ce passage. L'éléphant se transforma tout naturellement en moteur marin. Il descendit la berge sur une pente douce, entra dans le fleuve, se maintint à sa surface, et, de ses larges pattes battant l'eau comme les aubes d'une roue motrice, il entraîna doucement le train, qui flottait à sa suite.

Le capitaine Hod ne se tenait pas de joie.

« Une maison roulante! s'écriait-il, une maison qui est à la fois une voiture et un bateau à vapeur! Il ne lui manque plus que des ailes pour se transformer en appareil volant et franchir l'espace!

— Cela se fera un jour ou l'autre, ami Hod, répondit sérieusement l'ingénieur.

— Je le sais bien, ami Banks, répondit non moins sérieusement le capitaine. Tout se fera! Mais ce qui ne se fera pas, ce sera que l'existence nous soit rendue dans deux cents ans pour voir ces merveilles ! La vie n'est pas gaie tous les jours, et, cependant, je consentirais volontiers à vivre dix siècles, — par pure curiosité ! »

Le soir, à douze heures de Gaya, après avoir franchi le magnifique pont tubulaire qui porte le railway, à quatre-vingts pieds au-dessus du lit de la Sône, nous campions aux environs de Sasserâm. Il n'était question que de passer une nuit en cet endroit, pour refaire le bois et l'eau, et de repartir à l'aube naissante.

Ce programme fut exécuté de tous points, et le lendemain matin, 22 mai, avant ces heures brûlantes que nous réservait l'ardent soleil de midi, nous avions repris notre route.

Le pays était toujours le même, c'est-à-dire très riche, très cultivé. Tel il apparaît aux abords de la merveilleuse vallée du Gange. Je ne parlerai pas des nombreux villages qui se perdent au milieu des immenses rizières, entre les bouquets de palmiers taras à l'épais feuillage en voûte, sous l'ombrage des manguiers et autres arbres de magnifique venue. D'ailleurs nous ne nous arrêtions pas. Si, parfois, le chemin était barré par quelque charrette, traînée au pas lent des zébus, deux ou trois coups de sifflet la faisaient ranger, et notre train passait, au grand ébahissement des raïots.

Pendant cette journée, j'eus le plaisir charmant de voir bon nombre de champs de roses. En effet, nous n'étions pas éloignés de Ghazipore, grand centre de production de l'eau ou plutôt de l'essence faite avec ces fleurs.

Je demandai à Banks s'il pouvait me donner quelques renseignements sur ce produit si recherché, qui paraît être le dernier mot de l'art en matière de parfumerie.

« Voici des chiffres, cher ami, me répondit Banks, et ils vous montreront combien cette fabrication est coûteuse. Quarante livres de roses sont préalablement soumises à une sorte de distillation lente sur un feu doux, et le tout donne environ trente livres d'eau de roses. Cette eau est jetée sur un nouveau paquet de quarante livres de fleurs, dont on pousse la distillation jusqu'au moment où le mélange est réduit à vingt livres. On expose ce mélange, pendant douze heures, à l'air frais de la nuit, et, le lendemain, on trouve, figée à sa surface, quoi? une once d'huile odorante. Ainsi donc, de quatre-vingts livres de roses, — quantité qui, dit-on, ne contient pas moins de deux cent mille fleurs, — on n'a retiré finalement qu'une once de liquide. C'est un véritable massacre! Aussi ne s'etonnera-t-on pas que, même dans le pays de production, l'essence de roses coûte quarante roupies ou cent francs l'once.

— Eh! répondit le capitaine Hod, si pour fabriquer une once d'eau-de-vie, il fallait quatre-vingts livres de raisin, voilà qui mettrait le grog à un fier prix! »

Pendant cette journée, nous eûmes encore à franchir la Karamnaca, l'un des affluents du Gange. Les Indous ont fait de cette innocente rivière une sorte de Styx, sur lequel il ne fait pas bon naviguer. Ses bords ne sont pas moins maudits que les bords du Jourdain ou de la mer Morte. Les cadavres qu'on lui confie, elle les porte tout droit à l'enfer brahmanique. Je ne discute pas ces croyances; mais, quant à admettre que l'eau de cette diabolique rivière soit désagréable au goût et malsaine à l'estomac, je proteste. Elle est excellente.

Le soir, après avoir traversé un pays très peu accidenté, entre les immenses champs de pavots et le vaste damier des rizières, nous campions sur la rive droite du Gange, en face de l'antique Jérusalem des Indous, la ville sainte de Bénarès.

« Vingt-quatre heures de halte! dit Banks.

— A quelle distance sommes-nous maintenant de Calcutta? demandai-je à l'ingénieur.

— A trois cent cinquante milles environ, me répondit-il, et vous avouerez, mon cher ami, que nous ne nous sommes aperçus ni de la longueur du chemin ni des fatigues de la route ! »

Le Gange ! Est-il un fleuve dont le nom évoque de plus poétiques légendes, et ne semble-t-il pas que toute l'Inde se résume en lui ? Est-il au monde une vallée comparable à celle qui, pour diriger son cours superbe, se développe sur un espace de cinq cents lieues et ne compte pas moins de cent millions d'habitants ? Est-il un endroit du globe où plus de merveilles aient été entassées depuis l'apparition des races asiatiques? Qu'aurait donc dit du Gange Victor Hugo, qui a si fièrement chanté le Danube ! Oui ! on peut parler haut, quand on a :

> ... comme une mer sa houle,
> Quand sur le globe on se déroule,
> Comme un serpent, et quand on roule
> De l'occident à l'orient !

Mais le Gange a sa houle, ses cyclones, plus terribles que les ouragans du fleuve européen ! Lui aussi se déroule comme un serpent dans les plus poétiques contrées du monde ! Lui aussi coule de l'occident à l'orient ! Mais ce n'est pas dans un médiocre massif de collines qu'il va prendre sa source ! C'est de la plus haute chaîne du globe, c'est des montagnes du Thibet qu'il se précipite en absorbant tous les affluents de sa route! C'est de l'Himalaya qu'il descend!

Le lendemain, 23 mai, au soleil levant, la large nappe d'eau miroitait devant nos yeux. Sur le sable blanc, quelques groupes d'alligators, de grande taille, semblaient boire les premiers rayons du jour. Ils étaient immobiles, tournés vers l'astre radieux, comme s'ils eussent été les plus fidèles sectateurs de Brahma. Mais quelques cadavres, qui passaient en flottant, les arrachèrent à leur adoration. Ces cadavres que le courant emporte, on a dit qu'ils flottent sur le dos quand ce sont des hommes, sur la poitrine quand ce sont des femmes. Je pus constater qu'il n'y a rien de vrai dans cette observation. Un instant après, les monstres se jetaient sur cette proie, que leur fournissent quotidiennement les cours d'eau de la péninsule, et ils l'entraînaient dans les profondeurs du fleuve.

Le chemin de fer de Calcutta, avant de se bifurquer à Allahabad pour courir sur Delhi, au nord-ouest, et sur Bombay, au sud-ouest, suit constamment la rive droite du Gange, dont il économise par sa rectitude les nombreuses sinuosités. A la station de Mogul-Seraï, dont nous n'étions éloignés que de quelques milles, un petit embranchement se détache, qui dessert Bénarès en traversant le fleuve.

et, par la vallée de la Goûmti, va jusqu'à Jaunpore sur un parcours d'une soixantaine de kilomètres.

Bénarès est donc sur la rive gauche. Mais ce n'était pas en cet endroit que nous devions franchir le Gange. C'était seulement à Allahabad. Le Géant d'Acier resta donc au campement qui avait été choisi la veille au soir, 22 mai. Des gondoles étaient amarrées à la rive, et prêtes à nous conduire à la ville sainte, que je désirais visiter avec quelque soin.

Le colonel Munro n'avait rien à apprendre, rien à voir de ces cités si souvent visitées par lui. Cependant, ce jour-là, il eut un instant la pensée de nous accompagner; mais, après réflexion, il se décida à faire une excursion sur les rives du fleuve, en compagnie du sergent Mac Neil. En effet, tous deux quittèrent Steam-House, avant même que nous ne fussions partis. Quant au capitaine Hod, qui avait déjà tenu garnison à Bénarès, son intention était d'aller voir quelques-uns de ses camarades. Donc, Banks et moi, — l'ingénieur avait voulu me servir de guide, — nous fûmes les seuls qu'un sentiment de curiosité allait entraîner vers la ville.

Lorsque je dis que le capitaine Hod avait tenu garnison à Bénarès, il faut savoir que les troupes de l'armée royale ne résident pas habituellement dans les cités indoues. Leurs casernes sont situées au milieu de « cantonnements », qui, par le fait, deviennent de véritables villes anglaises. Ainsi à Allahabad, ainsi à Bénarès, ainsi en d'autres points du territoire, où non seulement les soldats, mais les fonctionnaires, les négociants, les rentiers, se groupent de préférence. Chacune de ces grandes cités est donc double, l'une avec tout le confort de l'Europe moderne, l'autre ayant conservé les coutumes du pays et les usages indous dans toute leur couleur locale!

La ville anglaise annexée à Bénarès, c'est Sécrole, dont les bungalows, les avenues, les églises chrétiennes, sont peu intéressants à visiter. Là se trouvent aussi les principaux hôtels que recherchent les touristes. Sécrole est une de ces cités toutes faites, que les fabricants du Royaume-Uni pourraient expédier dans des caisses, et que l'on remonterait sur place. Donc, rien de curieux à voir. Aussi, Banks et moi, après nous être embarqués dans une gondole, nous traversâmes obliquement le Gange, de manière à prendre tout d'abord une vue d'ensemble de ce magnifique amphithéâtre que décrit Bénarès au-dessus d'une haute berge.

« Bénarès, me dit Banks, est, par excellence, la

ville sacrée de l'Inde. C'est la Mecque indoue, et quiconque y a vécu, ne fût-ce que vingt-quatre heures, est assuré d'une part dans les félicités éternelles. On comprend dès lors quelle affluence de pèlerins une telle croyance peut provoquer, et quel nombre d'habitants doit compter une cité à laquelle Brahma a réservé des immunités de cette importance. »

On donne à Bénarès plus de trente siècles d'existence. Elle aurait donc été fondée à peu près à l'époque où Troie allait disparaître. Après avoir toujours exercé une très grande influence, non politique, mais spirituelle, sur l'Indoustan, elle fut le centre le plus autorisé de la religion bouddhique jusqu'au neuvième siècle. Une révolution religieuse s'accomplit alors. Le brahmanisme détruisit l'ancien culte. Bénarès devint la capitale des brahmanes, le centre d'attraction des fidèles, et l'on affirme que trois cent mille pèlerins la visitent annuellement.

L'autorité métropolitaine a conservé son rajah à la ville sainte. Ce prince, assez maigrement appointé par l'Angleterre, habite une magnifique résidence à Ramnagur, sur le Gange. C'est un authentique descendant des rois de Kaci, ancien nom de Bénarès, mais il n'a plus aucune influence, et s'en consolerait, si sa pension n'était pas réduite à un lakh de roupies, — soit cent mille roupies, ou deux cent cinquante mille francs environ, qui constituent à peine l'argent de poche d'un nabab d'autrefois.

Bénarès, comme presque toutes les villes de la vallée du Gange, fut touchée un instant par la grande insurrection de 1857. A cette époque, sa garnison se composait du 37e régiment d'infanterie native, d'un corps de cavalerie irrégulière, d'un demi-régiment sikh. En troupes royales, elle ne possédait qu'une demi-batterie d'artillerie européenne. Cette poignée d'hommes ne pouvait prétendre à désarmer les soldats indigènes. Aussi, les autorités attendirent-elles, non sans impatience, l'arrivée du colonel Neil, qui s'était mis en route pour Allahabad avec le 10e régiment de l'armée royale. Le colonel Neil entra à Bénarès avec deux cent cinquante hommes seulement, et une parade fut ordonnée sur le champ de manœuvres.

Lorsque les Cipayes eurent été réunis, ordre leur fut donné de déposer les armes. Ils refusèrent. La lutte s'engagea entre eux et l'infanterie du colonel Neil. Aux révoltés se joignirent presque aussitôt la cavalerie irrégulière, puis les Sikhs, qui se crurent trahis.

Mais alors la demi-batterie ouvrit son feu, couvrit les insurgés de mitraille, et, malgré leur valeur, malgré leur acharnement, tous furent mis en déroute.

Ce combat s'était livré en dehors de la ville. Au dedans, il n'y eut qu'une simple tentative d'insurrection des musulmans, qui hissèrent le drapeau vert, — tentative aussitôt avortée. Depuis ce jour, pendant toute la durée de la révolte, Bénarès ne fut plus troublée, même aux heures où l'insurrection parut être triomphante dans les provinces de l'Ouest.

Banks m'avait donné ces quelques détails, tandis que notre gondole glissait lentement sur les eaux du Gange.

« Mon cher ami, me dit-il, nous allons visiter Bénarès, bien ! Mais, si ancienne que soit cette capitale, vous n'y trouverez aucun monument qui compte plus de trois cents ans d'existence. Ne vous en étonnez pas. C'est la conséquence des luttes religieuses, dans lesquelles le fer et le feu ont joué un trop regrettable rôle. Quoi qu'il en soit, Bénarès n'en est pas moins une ville curieuse, et vous ne regretterez pas votre promenade ! »

Bientôt notre gondole s'arrêta à bonne distance pour nous permettre de contempler, au fond d'une baie bleue comme la baie de Naples, le pittoresque amphithéâtre des maisons qui s'étagent sur la colline, et l'entassement des palais, dont tout un massif menace de s'écrouler par suite d'un fléchissement de leur base, incessamment minée par les eaux du fleuve. Une pagode népalaise, d'architecture chinoise, qui est consacrée à Bouddha, une forêt de tours, d'aiguilles, de minarets, de pyramidions, que projettent les mosquées et les temples, dominés par la flèche d'or du lingam de Siva et les deux maigres flèches de la mosquée d'Aureng-Zeb, couronne ce merveilleux panorama.

Au lieu de débarquer immédiatement à l'un des « ghâts » ou escaliers qui relient les rives à la plate-forme des berges, Banks fit passer la gondole devant les quais, dont les premières assises baignent dans le fleuve.

Je retrouvai là une reproduction de la scène de Gaya, mais dans un autre paysage. Au lieu des forêts vertes du Phalgou, c'étaient les arrière-plans de la ville sainte qui faisaient le fond du tableau. Quant au sujet, il était à peu près le même.

En effet, des milliers de pèlerins couvraient la berge, les terrasses, les escaliers, et venaient dévotement se plonger dans le fleuve par triples ou quadruples rangées. Il ne faudrait pas croire que ce bain fût gratuit. Des gardiens, en turban rouge, sabre au côté, occupant les dernières marches des ghâts, exigeaient le tribut, en compagnie d'industrieux brahmanes, qui vendaient des chapelets, des amulettes ou autres ustensiles de piété.

En outre, il y avait non seulement des pélerins qui se baignaient pour leur propre compte, mais aussi des trafiquants, dont l'unique commerce était de puiser à ces eaux sacro-saintes pour les colporter jusque dans les territoires éloignés de la péninsule. Comme garantie, chaque fiole est marquée du sceau des brahmanes. On peut croire cependant que la fraude s'exerce sur une vaste échelle, tant l'exportation de ce miraculeux liquide est devenue considérable.

« Peut-être même, me dit Banks, toute l'eau du Gange ne suffirait-elle pas aux besoins des fidèles ! »

Je lui demandai alors si ces « baignades » n'entraînaient pas souvent des accidents, qu'on ne cherchait guère à prévenir. Il n'y avait pas là de maîtres nageurs pour arrêter les imprudents qui s'aventuraient dans le rapide courant du fleuve.

« Les accidents sont fréquents, en effet, me répondit Banks, mais si le corps du dévot est perdu, son âme est sauvée. Aussi n'y regarde-t-on pas de trop près.

— Et les crocodiles? ajoutai-je.

— Les crocodiles, me répondit Banks, se tiennent

généralement à l'écart. Tout ce bruit les effraye. Ce ne sont pas ces monstres qui sont à redouter, mais plutôt des malfaiteurs, qui plongent, se glissent sous les eaux, saisissent les femmes, les enfants, les entraînent et leur arrachent leurs bijoux. On cite même un de ces coquins qui, coiffé d'une tête mécanique, a longtemps joué le rôle de faux crocodile, et avait gagné une petite fortune à ce métier, à la fois profitable et périlleux. En effet, un jour cet intrus a été dévoré par un véritable alligator, et l'on n'a plus retrouvé que sa tête en peau tannée, qui surnageait à la surface du fleuve. »

Du reste, il est aussi de ces enragés fanatiques qui viennent volontairement chercher la mort dans les flots du Gange, et ils y mettent même quelque raffinement. Autour de leur corps est lié un chapelet d'urnes vides, mais débouchées. Peu à peu l'eau pénètre dans ces urnes et les immerge doucement, aux grands applaudissement des dévots.

Notre gondole nous eut bientôt amenés devant le Manmenka Ghât. Là se superposent en étages les bûchers auxquels on a confié les cadavres de tous les morts qui ont eu quelque souci de la vie future. La crémation, en ce saint lieu, est recherchée avidement des fidèles, et les bûchers brûlent nuit et jour. Les riches babous des territoires éloignés se font transporter à Bénarès, dès qu'ils se sentent atteints d'une maladie qui ne leur pardonnera pas. C'est que Bénarès est, sans contredit, le meilleur point de départ pour le « voyage dans l'autre monde ». Si le défunt n'a que des fautes vénielles à se reprocher, son âme, emportée sur ces fumées du Manmenka, ira droit au séjour des félicités éternelles.

S'il a été grand pécheur, son âme, au contraire, devra préalablement se régénérer dans le corps de quelque brahmane à naître. Il faut donc espérer que, pendant cette seconde incarnation, sa vie ayant été exemplaire, un troisième avatar ne lui sera pas imposé, avant qu'il ne soit définitivement admis à partager les délices du ciel de Brahma.

Nous consacrâmes le reste de la journée à visiter la ville, ses principaux monuments, ses bazars bordés de boutiques sombres, à la mode arabe. Là se vendent principalement de fines mousselines d'un tissu précieux, et le « kinkôb », sorte d'étoffe de soie brochée d'or, qui est un des principaux produits de l'industrie de Bénarès. Les rues étaient proprement entretenues, mais étroites, comme il convient aux cités que les rayons d'un soleil tropical frappent presque normalement. Si l'on y trouvait de l'ombre, la chaleur y était encore étouffante. Je plaignais les porteurs de notre palanquin, qui, cependant, ne semblaient pas trop se plaindre.

D'ailleurs, ces pauvres diables avaient là une occasion de gagner quelques roupies, et cela suffisait à leur donner force et courage. Mais il n'en était pas ainsi d'un certain Indou, ou plutôt un Bengali, à l'œil vif, à la physionomie rusée, qui, sans trop chercher à s'en cacher, nous suivit pendant toute notre excursion.

En débarquant sur le quai du Manmenka Ghât, j'avais, en causant avec Banks, prononcé à voix haute le nom du colonel Munro. Le Bengali, qui regardait accoster notre gondole, n'avait pu s'empêcher de tressaillir. Je n'y avais pas fait attention plus qu'il ne convenait, mais ce souvenir me revint, lorsque je retrouvai cette espèce d'espion incessamment attaché à nos pas. Il ne nous quittait que pour se retrouver devant ou derrière, quelques instants plus tard. Etait-ce un ami ou un ennemi? je ne savais, mais c'était un homme pour qui le nom du colonel Munro, à coup sûr, n'était pas indifférent.

Notre palanquin ne tarda pas à s'arrêter au bas du large escalier de cent marches qui monte du quai à la mosquée d'Aureng-Zeb.

Autrefois, les dévots ne gravissaient qu'à genoux cette sorte de *Santa Scala*, à l'imitation des fidèles de Rome. C'était alors le temple de Vishnou qui se dressait à cette place, auquel s'est substituée la mosquée du conquérant.

J'aurais aimé à contempler Bénarès du haut de l'un des minarets de cette mosquée, dont la construction est regardée comme un tour de force architectural. Hauts de cent trente-deux pieds, ils ont à peine le diamètre d'une simple cheminée d'usine, et pourtant, un escalier tournant se développe dans leur fût cylindrique; mais il n'est plus permis d'y monter, et non sans raison. Déjà ces deux minarets s'écartent sensiblement de la verticale, et, moins doués de vitalité que la tour de Pise, ils finiront par tomber quelque jour.

En quittant la mosquée d'Aureng-Zeb, je retrouvai le Bengali qui nous attendait à la porte. Cette fois, je le regardai fixement, et il baissa les yeux. Avant d'attirer l'attention de Banks sur cet incident, je voulus voir si la conduite équivoque de cet individu persisterait, et je ne dis rien.

C'est par centaines que les pagodes et les mosquées se comptent dans cette merveilleuse ville de Bénarès. Il en est de même de ces splendides palais, dont le plus beau, sans contredit, appartient au roi de Nagpore. Peu de rajahs, en effet, négligent d'avoir un pied à terre dans la cité sainte, et ils y viennent à l'époque des grandes fêtes religieuses de Méla.

Je ne pouvais avoir la prétention de visiter tous ces édifices dans le peu de temps dont nous disposions. Je me bornai donc à rendre visite au temple de Bichêshwar, où se dresse le lingam de Siva. Cette pierre informe, regardée comme une partie du corps du plus farouche des Dieux de la mythologie indoue, recouvre un puits, dont l'eau croupissante possède, dit-on, des vertus miraculeuses. Je vis aussi le Mankarnika, ou la fontaine sacrée, dans laquelle se baignent les dévots pour le plus grand profit des brahmanes, puis le Mân-Mundir, observatoire bâti il y a deux cents ans par l'empereur Akbar, et dont tous les instruments, d'une immobilité marmoréenne, ne sont que figurés en pierre.

J'avais aussi entendu parler d'un palais des singes, que les touristes ne manquent pas de visiter à Bénarès. Un Parisien devait naturellement croire qu'il allait se retrouver devant la célèbre cage du Jardin des Plantes. Il n'en était rien.

Ce palais n'est qu'un temple, le Dourga-Khound, situé un peu en dehors des faubourgs. Il date du IXe siècle, et compte parmi les plus anciens monuments de la ville. Les singes n'y sont point enfermés dans une cage grillée. Ils errent librement à travers les cours, sautent d'un mur à l'autre, grimpent à la cime d'énormes manguiers, se disputent à grands cris les grains grillés, dont ils sont très friands, et que les visiteurs leur apportent. Là, comme partout, les brahmanes, gardiens du Dourga-Khound, prélèvent une petite rétribution, qui fait évidemment de cette profession une des plus lucratives de l'Inde.

Il va sans dire que nous étions passablement fatigués par la chaleur, lorsque, vers le soir, nous songeâmes à revenir à Steam-House. Nous avions déjeuné et dîné à Sécrole, dans un des meilleurs hôtels de la ville anglaise, et, cependant, je dois dire que cette cuisine nous fit regretter celle de monsieur Parazard.

Lorsque la gondole revint au pied du Gâth pour nous ramener à la rive droite du Gange, je retrouvai une dernière fois le Bengali, à deux pas de l'embarcation. Un canot, monté par un Indou, l'attendait. Il s'embarqua. Voulait-il donc passer le fleuve et nous suivre encore jusqu'au campement? Cela devenait très suspect.

« Banks, dis-je alors, à voix basse, en montrant le Bengali, voici un espion qui ne nous a pas quittés d'une semelle...

— Je l'ai bien vu, répondit Banks, et j'ai observé que c'est le nom du colonel, prononcé par vous, qui lui a donné l'éveil.

— N'y a-t-il pas lieu?... dis-je alors.

— Non ! Laissons-le faire, répondit Banks. Mieux vaut qu'il ne se sache pas soupçonné.... D'ailleurs, il n'est déjà plus là. »

En effet, le canot du Bengali avait déjà disparu au milieu des nombreuses embarcations de toutes formes qui sillonnaient alors les sombres eaux du Gange.

Puis, Banks, se retournant vers notre marinier :

« Connais-tu cet homme? lui demanda-t-il d'un ton qui affectait l'indifférence.

— Non, c'est la première fois que je le vois, » répondit le marinier.

La nuit était venue. Des centaines de bateaux pavoisés, illuminés de lanternes multicolores, remplis de chanteurs et d'instrumentistes, se croisaient en tous sens sur le fleuve en fête. De la rive gauche s'élevaient des feux d'artifice très variés, me rappelant que nous n'étions pas loin du Céleste-Empire, où ils sont en si grand honneur. Il serait difficile de donner une description de ce spectacle, qui était vraiment incomparable. A quel propos se célébrait cette fête de nuit, qui paraissait improvisée, et à laquelle les Indous de toutes classes prenaient part, je ne pus le savoir. Au moment où elle finissait, la gondole avait déjà accosté l'autre rive.

Ce fut donc comme une vision. Elle n'eut que la durée de ces feux éphémères qui illuminèrent un instant l'espace et s'éteignirent dans la nuit. Mais l'Inde, je l'ai dit, révère trois cents millions de dieux, sous-dieux, saints et sous-saints de toute espèce, et l'année n'a pas même assez d'heures, de minutes et de secondes qui puissent être consacrées à chacune de ces divinités.

Lorsque nous fûmes de retour au campement, le colonel Munro et Mac Neil y étaient déjà revenus. Banks demanda au sergent s'il ne s'était rien produit de nouveau pendant notre absence.

« Rien, répondit Mac Neil.

— Vous n'avez vu rôder aucune figure suspecte?

— Aucune, monsieur Banks. Est-ce que vous auriez quelque motif de soupçonner...

— Nous avons été espionnés pendant notre excursion à Bénarès, répondit l'ingénieur, et je n'aime pas qu'on nous espionne !

— Cet espion, c'était....

— Un Bengali, auquel le nom du colonel Munro a donné l'éveil.

— Que peut nous vouloir cet homme?

— Je ne sais, Mac Neil. Il faudra veiller!

— On veillera, » répondit le sergent.

CHAPITRE IX

ALLAHABAD

Entre Bénarès et Allahabad la distance est environ de cent trente kilomètres. La route suit presque invariablement la rive droite du Gange, entre le railway et le fleuve. Storr s'était procuré du charbon en briquettes, et il en avait chargé le tender. L'éléphant avait donc sa nourriture assurée pour plusieurs jours. Bien nettoyé, — j'allais dire bien étrillé, — propre comme s'il sortait de l'atelier d'ajustage, il attendait impatiemment le moment de partir. Il ne piaffait pas, non, sans doute, mais quelques frémissements de ses roues attestaient la tension des vapeurs qui emplissaient ses poumons d'acier.

Notre train partit donc de grand matin, le 24, avec une vitesse de trois à quatre milles à l'heure.

La nuit s'était passée sans incidents, et nous n'avions pas revu le Bengali.

Mentionnons ici, une fois pour toutes, que le programme de chaque journée, comprenant heures du lever, heures du coucher, déjeuners, lunchs, dîners, sieste, s'accomplissait avec une exactitude militaire. L'existence à Steam-House s'écoulait aussi régulièrement que dans le bungalow de Calcutta. Le paysage se modifiait incessamment à nos regards, sans que notre habitation eût semblé se déplacer. Nous étions absolument faits à cette nouvelle vie, comme un passager à la vie de bord d'un transatlantique, — moins la monotonie, car nous n'étions pas toujours enfermés dans un même horizon de mer.

A onze heures, ce jour-là, apparut dans la plaine un curieux mausolée, d'architecture mongole, qui a été dressé en l'honneur de deux saints personnages de l'Islam, Kassim-Soliman, père et fils. Une demi-heure après, c'était l'importante forteresse de Chunar, dont les pittoresques remparts couronnent un imprenable roc, élevé à pic de cent cinquante pieds au-dessus du Gange.

Il ne fut pas question de faire halte pour visiter cette forteresse, une des plus importantes de la vallée du Gange, située de manière à pouvoir économiser la poudre et les boulets en cas d'attaque. En effet, toute colonne d'assaut qui chercherait à atteindre ses murailles, serait écrasée par une avalanche de rochers disposés à cet effet.

Au pied s'étend la ville qui porte son nom, et dont les coquettes habitations disparaissent sous la verdure.

A Bénarès, on l'a vu, il existe plusieurs lieux privilégiés, qui sont considérés par les Indous comme les plus sacrés du monde. A bien compter, on en trouverait des centaines de ce genre, à la surface de la péninsule. La forteresse Chunar, elle aussi, possède une de ces miraculeuses stations. Là, on vous montre une plaque de marbre, sur laquelle un dieu quelconque vient régulièrement faire sa sieste quotidienne. Il est vrai que ce dieu est invisible. Aussi n'avons-nous pas cherché à le voir.

Le soir, le Géant d'Acier faisait halte près de Mirzapore pour y passer la nuit. Si la ville n'est point dépourvue de temples, elle a des usines aussi, et un port de chargement pour le coton que produit ce territoire. Ce sera, un jour, une riche cité commerçante.

Le lendemain, 25 mai, vers deux heures après midi, nous franchissions à gué la petite rivière la Tonsa, qui, à cette époque, n'avait pas un pied d'eau. A cinq heures, était dépassé le point où se soude le grand embranchement de Bombay à Calcutta. Presque à l'endroit où la Jumna tombe dans le Gange, nous admirions le magnifique viaduc en fer, qui mouille ses seize piles, hautes de soixante pieds, dans les eaux de ce superbe affluent. Arrivés au pont de bateaux, long d'un kilomètre, qui réunit la rive droite à la rive gauche du fleuve, nous le traversions sans trop de difficultés, et, dans la soirée, nous venions camper à l'extrémité de l'un des faubourgs d'Allahabad.

La journée du 26 devait être consacrée à la visite de cette importante ville, de laquelle rayonnent les principaux chemins de fer de l'Indoustan. Elle est assise dans une admirable position, au milieu du plus riche territoire, entre les deux bras de la Jumna et du Gange.

La nature a certainement tout fait pour qu'Allahabad soit la capitale de l'Inde anglaise, le centre du gouvernement, la résidence du vice-roi. Il n'est donc pas impossible qu'elle le devienne un jour, si les cyclones jouent quelques mauvais tours à Calcutta, la métropole actuelle. Ce qui est certain, c'est que quelques bons esprits ont déjà entrevu et prévu cette éventualité. Dans ce grand corps qui s'appelle l'Inde, Allahabad est placée là où est le cœur, comme Paris est au cœur de la France. Il est vrai que Londres n'est pas au centre du Royaume-Uni, mais aussi Londres n'a-t-elle pas sur les grandes cités anglaises, Liverpool, Manchester, Birmingham, la prééminence de Paris sur toutes les autres villes de France.

« Et à partir de ce point, demandai-je à Banks, allons-nous marcher directement dans le nord?

— Oui, répondit Banks, ou du moins presque directement. Allahabad est, dans l'ouest, la limite de cette première partie de notre expédition.

— Enfin ! s'écria le capitaine Hod, les grandes villes, c'est bien, mais les grandes plaines, les grandes jungles, c'est mieux ! A continuer de suivre ainsi les railways, nous finirions par rouler dessus, et notre Géant d'Acier passerait à l'état de simple locomotive ! Quelle déchéance !

—Rassurez-vous, Hod, répondit l'ingénieur, cela n'arrivera pas. Nous allons nous aventurer bientôt sur vos territoires de prédilection.

— Ainsi, Banks, nous irons droit à la frontière indo-chinoise, sans traverser Lucknow?

— Mon avis est d'éviter cette ville, et surtout Cawnpore, trop pleine de funestes souvenirs pour le colonel Munro.

— Vous avez raison, répliquai-je, et nous n'en passerons jamais assez loin !

— Dites-moi, Banks, demanda le capitaine Hod, pendant votre visite à Bénarès, vous n'avez rien appris sur Nana Sahib?

— Rien, répondit l'ingénieur. Il est probable que le gouverneur de Bombay aura été une fois de plus induit en erreur, et que le Nana n'a jamais reparu dans la présidence de Bombay.

— C'est probable, en effet, répondit le capitaine, sans quoi l'ancien rebelle aurait déjà fait parler de lui!

— Quoi qu'il en soit, dit Banks, j'ai hâte de quitter cette vallée du Gange, qui a été le théâtre de tant de désastres pendant l'insurrection des Cipayes, depuis Allahabad jusqu'à Cawnpore. Mais, surtout, que le nom de cette ville ne soit pas plus prononcé devant le colonel que le nom de Nana Sahib! Laissons-le maître de sa pensée. »

Le lendemain, Banks voulut encore m'accompagner pendant les quelques heures que j'allais consacrer à visiter Allahabad. Peut-être aurait-il fallu trois jours pour bien voir les trois villes qui la composent. Mais, en somme, elle est moins curieuse que Bénarès, bien qu'elle compte, elle aussi, parmi les cités saintes.

De la ville indoue, il n'y a rien à dire. C'est une agglomération de maisons basses, que séparent des rues étroites, dominées çà et là par des tamarins, qui sont magnifiques.

De la ville anglaise et des cantonnements, rien non plus. Belles avenues bien plantées, riches habitations, larges places, tous les éléments d'une ville destinée à devenir une grande capitale.

Le tout est situé dans une vaste plaine, limitée au nord et au sud par le double cours de la Jumna et du Gange. On l'appelle la « plaine des Aumônes », parce que les princes indous y sont venus de tout temps faire œuvres de charité. D'après ce que rapporte M. Rousselet, qui cite un passage de la *Vie de Hionen Thsang*, « il est plus méritoire de donner en ce lieu une pièce de monnaie que cent mille ailleurs. »

Le Dieu des chrétiens, lui, ne rend qu'au centuple. C'est cent fois moins, sans doute, mais il m'inspire plus de confiance.

Un mot du fort d'Allahabad, qui est curieux à visiter. Il est construit à l'ouest de cette grande plaine des Aumônes, et profile hardiment ses hautes murailles en grès rouge, dont les projectiles peuvent, qu'on nous passe l'expression, « casser les bras » aux deux fleuves. Au milieu du fort, un palais, devenu un arsenal, autrefois résidence préférée du sultan Akbar, — dans un des coins, le

Lât de Féroze-Schachs, superbe monolithe de trente-six pieds, qui supporte un lion, — non loin, un petit temple, que les Indous, auxquels on refuse l'entrée du fort, ne peuvent visiter, bien qu'il soit un des endroits les plus sacrés du monde : tels sont les principaux points de la forteresse qui attirent l'attention des touristes.

Banks m'apprit que le fort d'Allahabad avait aussi sa légende, qui rappelle la légende biblique, relative à la reconstruction du temple de Salomon, à Jérusalem.

Lorsque le sultan voulut bâtir le fort d'Allahabad, il paraît que les pierres se montrèrent fort récalcitrantes. Un mur était-il construit, il s'écroulait aussitôt. On consulta l'oracle. L'oracle répondit, comme toujours, qu'il fallait une victime volontaire pour conjurer le mauvais sort. Un Indou s'offrit en holocauste. Il fut sacrifié, et le fort s'acheva. Cet Indou se nommait Brog, et voilà pourquoi la ville est encore désignée aujourd'hui sous le double nom de Brog-Allahabad.

Banks me conduisit ensuite aux jardins de Khoursou, qui sont célèbres et méritent leur célébrité. Là, sous l'ombrage des plus beaux tamarins du monde, s'élèvent plusieurs mausolées mahométans. L'un d'eux est la dernière demeure du sultan dont ces jardins portent le nom. Sur l'un des murs en marbre blanc est incrustée la paume d'une main énorme. On nous la montra avec une complaisance qui nous avait manqué pour les empreintes sacrées de Gaya.

Il est vrai, ce n'était pas la trace du pied d'un dieu, mais celle de la main d'un simple mortel, petit neveu de Mahomet.

Pendant l'insurrection de 1857, le sang ne fut pas plus épargné à Allahabad qu'aux autres villes de la vallée du Gange. Le combat livré par l'armée royale aux révoltés, sur le champ de manœuvres de Bénarès, provoqua le soulèvement des troupes natives, et, en particulier, la révolte du 6e régiment de l'armée du Bengale. Huit enseignes furent massacrés, tout d'abord; mais, grâce à l'attitude énergique de quelques artilleurs européens, qui appartenaient au corps des invalides de Chounar, les Cipayes finirent par déposer les armes.

Dans les cantonnements, ce fut plus sérieux. Les natifs se soulevèrent, les prisons furent ouvertes, les docks furent pillés, les habitations européennes furent incendiées. Sur ces entrefaites, le colonel Neil, après avoir rétabli l'ordre à Bénarès, arriva avec son régiment et cent fusiliers du régiment de Madras. Il reprit le pont de bateaux sur les insurgés, enleva les faubourgs de la ville dans la journée du 18 juin, dispersa les membres d'un gouvernement provisoire qu'un musulman avait installé, et redevint maître de la province.

Pendant cette courte excursion à Allahabad, Banks et moi nous observâmes avec soin si nous étions suivis comme nous l'avions été à Bénarès. Mais, cette fois, nous ne vîmes rien de suspect.

« N'importe, me dit l'ingénieur, il faut toujours se défier! J'aurais voulu passer incognito, car le nom du colonel Munro est trop connu des natifs de cette province! »

Nous étions de retour à six heures pour le dîner. Sir Edward Munro, qui avait quitté le campement pendant une heure ou deux, était de retour et nous attendait. Quant au capitaine Hod, qui était allé rendre visite à quelques-uns de ses camarades en garnison dans les cantonnements, il rentrait presque en même temps que nous.

J'observai alors et je fis observer à Banks que le colonel Munro paraissait, non pas plus triste, mais plus soucieux que d'habitude. Il me semblait surprendre dans ses regards un feu que les larmes auraient dû y avoir noyé depuis longtemps!

« Vous avez raison, me répondit Banks, il y a quelque chose! Que s'est-il donc passé ?

— Si vous interrogiez Mac Neil? dis-je.

— Oui, Mac Neil saura peut-être... »

Et l'ingénieur, quittant le salon, alla ouvrir la porte de la cabine du sergent.

Le sergent n'était pas là.

« Où est Mac Neil? demanda Banks à Goûmi, qui se disposait à nous servir à table.

— Il a quitté le campement, répondit Goûmi.

— Depuis quand?

— Depuis une heure environ, et par ordre du colonel Munro.

— Vous ne savez pas où il est allé?

— Non, monsieur Banks, et je ne saurais dire pourquoi il est parti.

— Il n'y a rien eu de nouveau ici depuis notre départ?

— Rien. »

Banks revint, m'apprit l'absence du sergent pour un motif que personne ne connaissait, et répéta :

« Je ne sais ce qu'il y a, mais très certainement il y a quelque chose! Attendons. »

On se mit à table. Le plus ordinairement, le colonel Munro prenait part à la conversation pendant les repas. Il aimait à se faire raconter nos excursions. Il s'intéressait à ce que nous avions fait pendant la journée. J'avais soin de ne jamais lui parler de ce qui pouvait lui rappeler, même de loin, l'insurrection des Cipayes. Je crois qu'il s'en apercevait; mais me tenait-il compte de ma réserve? Cela, d'ailleurs, ne laissait pas d'être assez difficile, lorsqu'il s'agissait de villes, telles que Bénarès ou Allahabad, qui avaient été le théâtre de scènes insurrectionnelles.

Aujourd'hui, et pendant ce dîner, je pouvais donc craindre d'être obligé de parler d'Allahabad. Crainte vaine. Le colonel Munro n'interrogea ni Banks ni moi sur l'emploi de notre journée. Il resta muet pendant toute la durée du repas. Sa préoccupation semblait même s'accroître avec l'heure. Il regardait fréquemment vers la route qui conduit aux cantonnements, et je crois même qu'il fut plusieurs fois sur le point de se lever de table pour mieux voir dans cette direction. C'était évidemment le retour du sergent Mac Neil que sir Edward Munro attendait avec impatience.

Le dîner se passa donc assez tristement. Le capitaine Hod interrogeait Banks du regard, pour lui demander ce qu'il y avait. Or, Banks n'en savait pas plus que lui.

Lorsque le dîner fut achevé, le colonel Munro, au lieu de rester à faire la sieste, suivant son habitude, descendit le marche-pied de la vérandah, fit quelques pas sur la route, y jeta une dernière fois un long regard; puis, se retournant vers nous :

« Banks, Hod, et vous aussi, Maucler, dit-il, voudriez-vous m'accompagner jusqu'aux premières maisons des cantonnements? »

Nous quittâmes immédiatement la table, à la suite du colonel, qui marchait lentement, sans prononcer une parole.

Après avoir fait une centaine de pas, sir Edward Munro s'arrêta devant un poteau qui se dressait sur la droite de la route, et sur lequel une notice était affichée.

« Lisez, » dit-il.

C'était la notice, vieille de plus de deux mois déjà, qui mettait à prix la tête du nabab Nana Sahib, et dénonçait sa présence dans la présidence de Bombay.

Banks et Hod ne purent retenir un geste de désappointement. Jusqu'alors, aussi bien à Calcutta que pendant le cours du voyage, ils étaient parvenus à éviter que cette notice tombât sous les yeux du colonel. Un fâcheux hasard venait de déjouer leurs précautions!

« Banks, dit sir Edward Munro en saisissant la main de l'ingénieur, tu connaissais cette notice? »

Banks ne répondit pas.

« Tu savais, il y a deux mois, reprit le colonel, que la présence de Nana Sahib venait d'être signalée dans la présidence de Bombay, et tu ne m'as rien dit! »

Banks restait muet, ne sachant que répondre.

« Eh bien, oui, mon colonel, s'écria le capitaine Hod, oui, nous le savions, mais pourquoi vous le dire? Qui prouve que le fait qu'annonce cette notice soit vrai, et à quoi bon vous rappeler des souvenirs qui vous font tant de mal!

— Banks, s'écria le colonel Munro, dont la figure venait comme de se transformer, as-tu donc oublié que c'est à moi, à moi plus qu'à tout autre, qu'il appartient de faire justice de cet homme! Sache ceci : si j'ai consenti à quitter Calcutta, c'est que ce voyage devait me ramener vers le nord de l'Inde, c'est que je n'ai pas cru, un seul jour, à la mort de Nana Sahib, c'est que je n'ai jamais oublié mes devoirs de justicier! En partant avec vous, je n'ai eu qu'une idée, qu'un espoir! J'ai compté, pour me rapprocher de mon but, sur les hasards du voyage et sur l'aide de Dieu! J'ai eu raison! Dieu m'a conduit devant cette notice! Ce n'est plus au nord qu'il faut aller chercher Nana Sahib, c'est au sud! Soit! J'irai au sud! »

Nos pressentiments ne nous avaient donc pas

trompés ! Il n'était que trop vrai ! Une arrière-pensée, mieux que cela, une idée fixe, dominait encore, dominait plus que jamais le colonel Munro. Il venait de nous la dévoiler tout entière.

« Munro, répondit Banks, si je ne t'ai parlé de rien, c'est que je ne croyais pas à la présence de Nana Sahib dans la présidence de Bombay. L'autorité, ce n'est pas douteux, a été trompée une fois de plus. En effet, cette notice est datée du 6 mars, et, depuis cette époque, rien n'est venu confirmer la nouvelle de l'apparition du nabab. »

Le colonel Munro ne répondit pas, tout d'abord, à cette observation de l'ingénieur. Il jeta encore un dernier regard sur la route. Puis :

« Mes amis, dit-il, je vais apprendre ce qu'il en est. Mac Neil est allé à Allahabad, avec une lettre pour le gouverneur. Dans un instant, je saurai si Nana Sahib a en effet sérieusement reparu dans une des provinces de l'ouest, s'il y est encore ou s'il a disparu.

— Et s'il y a été vu, si le fait est indubitable, Munro, que feras-tu ? demanda Banks, qui saisit la main du colonel.

— Je partirai ! répondit sir Edward Munro. J'irai partout où, au nom de la suprême justice, il est de mon devoir d'aller !

— Cela est absolument décidé, Munro?

— Oui, Banks, absolument. Vous continuerez votre voyage sans moi, mes amis.... Dès ce soir, j'aurai pris le train de Bombay.

— Soit, mais tu n'iras pas seul! répondit l'ingénieur, en se retournant vers nous. Nous t'accompagnerons, Munro!

— Oui! oui! mon colonel! s'écria le capitaine Hod. Nous ne vous laisserons pas partir sans nous! Au lieu de chasser les fauves, eh bien! nous chasserons les coquins!

— Colonel Munro, ajoutai-je, vous me permettrez de me joindre au capitaine et à vos amis!

— Oui, Maucler, répondit Banks, et, dès ce soir, nous aurons tous quitté Allahabad...

— Inutile! » dit une voix grave.

Nous nous retournâmes. Le sergent Mac Neil était devant nous, un journal à la main.

« Lisez, mon colonel, dit-il. Voici ce que le gouverneur m'a dit de mettre sous vos yeux. »

Et sir Edward Munro lut ce qui suit :

« Le gouverneur de la présidence de Bombay « porte à la connaissance du public que la notice « du 6 mars dernier, concernant le nabab Dandou-« Pant, doit être considérée comme n'ayant plus « d'objet. Hier, Nana Sahib, attaqué dans les défilés

« des monts Sauptourra, où il s'était refugié avec « sa troupe, a été tué dans la lutte. Il n'y a aucun « doute possible sur son identité. Il a été reconnu « par des habitants de Cawnpore et de Lucknow. « Un doigt lui manquait à la main gauche, et l'on « sait que Nana Sahib avait fait l'amputation de « l'un de ses doigts, au moment où, par de fausses « obsèques, il voulut faire croire à sa mort. Le « royaume de l'Inde n'a donc plus rien à craindre « des manœuvres du cruel nabab qui lui a coûté « tant de sang. »

Le colonel Munro avait lu ces lignes d'une voix sourde; puis, il laissa tomber le journal.

Nous nous taisions. La mort de Nana Sahib, indiscutable cette fois, nous délivrait de toute crainte dans l'avenir.

Le colonel Munro, après quelques minutes de silence, passa sa main sur ses yeux comme pour effacer d'affreux souvenirs. Puis :

« Quand devons-nous quitter Allahabad? demanda-t-il.

— Demain, au point du jour, répondit l'ingénieur.

— Banks, reprit le colonel Munro, ne pouvons-nous nous arrêter quelques heures à Cawnpore?

— Tu veux?...

— Oui, Banks, je voudrais... je veux revoir encore une fois... une dernière fois Cawnpore!

— Nous y serons dans deux jours! répondit simplement l'ingénieur.

— Et après?... reprit le colonel Munro.

— Après?... répondit Banks, nous continuerons notre expédition vers le nord de l'Inde!

— Oui!... au nord! au nord!... » dit le colonel d'une voix qui me remua jusqu'au fond du cœur.

En vérité, il était à croire que sir Edward Munro conservait encore quelque doute sur l'issue de cette dernière lutte entre Nana Sahib et les agents de l'autorité anglaise. Avait-il raison contre ce qui semblait être l'évidence même?

L'avenir nous l'apprendra.

CHAPITRE X

VIA DOLOROSA

Le royaume d'Oude était autrefois un des plus importants de la péninsule, et, aujourd'hui, c'est encore l'un des plus riches de l'Inde. Il eut des souverains, ceux-ci forts, ceux-là faibles. La faiblesse de l'un d'eux, Wajad-Ali-Schah, amena l'annexion de son royaume au domaine de la Compagnie, le 6 février 1857. On le voit, c'était quelques mois à peine avant le début de l'insurrection, et c'est précisément sur ce territoire que furent commis les plus affreux massacres, suivis des plus terribles représailles.

Deux noms de villes sont restés tristement célèbres depuis cette époque, Lucknow et Cawnpore.

Lucknow est la capitale, Cawnpore est l'une des principales cités de l'ancien royaume.

C'est à Cawnpore que voulait aller le colonel Munro, et c'est là que nous arrivâmes dans la matinée du 29 mai, après avoir suivi la rive droite du Gange, à travers une plaine plate où s'étalaient d'immenses champs d'indigotiers. Pendant deux jours, le Géant d'Acier avait marché avec une vitesse moyenne de trois lieues à l'heure, franchissant ainsi les deux cent cinquante kilomètres qui séparent Cawnpore d'Allahabad.

Nous étions alors à près de mille kilomètres de Calcutta, notre point de départ.

Cawnpore est une ville de soixante mille âmes environ. Elle occupe sur la rive droite du Gange une bande de terrain longue de cinq milles. Il s'y trouve un cantonnement militaire, dans lequel sont casernés sept mille hommes.

Le touriste chercherait en vain, dans cette cité, quelque monument digne d'attirer son attention, bien qu'elle soit de très ancienne origine et antérieure, dit-on, à l'ère chrétienne. Aucun sentiment de curiosité ne nous eût donc amenés à Cawnpore. La volonté seule de sir Edward Munro nous y avait conduits.

Dans la matinée du 30 mai, nous avions quitté notre campement. Banks, le capitaine Hod et moi, nous suivions le colonel et le sergent Mac Neil le long de cette voie douloureuse, dont sir Edward Munro avait voulu refaire une dernière fois les stations.

Voici ce qu'il faut savoir, et ce que je vais dire brièvement, en rapportant le récit que Banks m'avait fait.

« Cawnpore, qui était garnie de troupes très sûres au moment de l'annexion du royaume d'Oude, ne comptait plus au début de l'insurrection que deux cent cinquante soldats de l'armée royale contre trois régiments natifs d'infanterie, les 1er, 53e et 56e, deux régiments de cavalerie et une batterie d'artillerie de l'armée du Bengale. En outre, il s'y trouvait un nombre assez considérable d'Européens, employés, fonctionnaires, négociants, etc. plus, huit cent cinquante femmes et enfants du 32e régiment de l'armée royale, qui tenait garnison à Lucknow.

« Depuis plusieurs années, le colonel Munro habitait Cawnpore. Ce fut là qu'il connut la jeune fille dont il fit sa femme.

« Mis Laurence Honlay était une jeune Anglaise charmante, intelligente, d'un caractère plein d'élévation, d'un cœur noble, d'une nature héroïque, digne d'être aimée d'un homme comme le colonel, qui l'admirait et l'adorait. Elle habitait avec sa mère un bungalow aux environs de la ville, et ce fut là, en 1855, qu'Edward Munro l'épousa.

« Deux ans après son mariage, en 1857, lorsque les premiers actes de la révolte éclatèrent à Mirat, le colonel Munro dut rejoindre son régiment, sans perdre un jour. Il fut donc obligé de laisser sa femme et sa belle-mère à Cawnpore, en leur recommandant de faire immédiatement leurs préparatifs de départ pour Calcutta. Le colonel Munro pensait que Cawnpore n'était pas sûre, hélas! et les faits n'avaient par la suite que trop justifié ses pressentiments.

« Le départ de Mrs. Honlay et de lady Munro éprouva des retards qui eurent des conséquences funestes. Les malheureuses femmes furent surprises par les événements et ne purent quitter Cawnpore.

« La division était alors commandée par le général sir Hugh Wheeler, soldat droit et loyal, qui devait être bientôt victime des astucieuses manœuvres de Nana Sahib.

« Le nabab occupait alors, à dix milles de Cawnpore, son château de Bilhour, et, depuis longtemps, il affectait de vivre dans les meilleurs termes avec les Européens.

« Vous savez, mon cher Maucler, que les premières tentatives de l'insurrection se produisirent à Mirat et à Delhi. La nouvelle en arriva le 14 mai à Cawnpore. Ce jour même, le 1er régiment de Cipayes montrait des dispositions hostiles.

« Ce fut alors que Nana Sahib offrit au gouvernement ses bons offices. Le général Wheeler fut assez malavisé pour croire à la bonne foi de ce fourbe, dont les soldats particuliers vinrent aussitôt occuper les bâtiments de la Trésorerie.

« Le même jour, un régiment irrégulier de Cipayes, de passage à Cawnpore, massacrait ses officiers européens aux portes mêmes de la ville.

« Le danger apparut alors tel qu'il était, immense. Le général Wheeler donna ordre à tous les Européens de se réfugier dans la caserne où demeuraient les femmes et les enfants du 32e régiment de Lucknow, — caserne située au point le plus voisin de la route d'Allahabad, la seule par laquelle les secours pussent arriver.

C'est là que lady Munro et sa mère durent s'enfermer. Pendant toute la durée de cet emprisonnement, la jeune femme montra un dévouement sans bornes pour ses compagnons d'infortune. Elle les soigna de ses mains, elle les aida de sa bourse, elle les encouragea par son exemple et ses paroles, elle se montra ce qu'elle était, un grand cœur, et, comme je vous l'ai dit, une femme héroïque.

« Cependant, l'arsenal ne tarda pas à être confié à la garde des soldats de Nana Sahib.

« Le traître déploya alors le drapeau de l'insurrection, et, sur ses propres instances, le 7 juin, les Cipayes attaquèrent la caserne, qui ne comptait pas trois cents soldats valides pour la défendre.

« Ces braves se défendirent, cependant, sous le feu des assiégeants, sous la pluie de leurs projectiles, au milieu des maladies de toutes sortes, mourant de faim et de soif, sans vivres, car les approvisionnements étaient insuffisants, sans eau, car les puits furent bientôt taris.

« Cette résistance dura jusqu'au 27 juin.

« Nana Sahib proposa alors une capitulation, à laquelle le général Wheeler commit l'impardonnable faute de souscrire, malgré les adjurations de lady Munro, qui le suppliait de continuer la lutte.

« Par suite de cette capitulation, les hommes, femmes et enfants, cinq cents personnes environ, — lady Munro et sa mère étaient de ce nombre, — furent embarqués sur des bateaux qui devaient redescendre le Gange et les ramener à Allahabad.

« A peine ces bateaux sont-ils détachés de la rive, que le feu est ouvert par les Cipayes. Grêle de boulets et de mitraille ! Les uns coulèrent, d'autres furent incendiés. L'une de ces embarcations parvint, cependant, à redescendre le fleuve pendant quelques milles.

« Lady Munro et sa mère étaient sur cette embarcation. Elles purent croire un instant qu'elles seraient sauvées. Mais les soldats du Nana les poursuivirent, les reprirent, les ramenèrent aux cantonnements.

« Là, on fit un choix entre les prisonniers. Tous les hommes furent immédiatement passés par les armes. Quant aux femmes et aux enfants, on les réunit aux autres enfants et femmes qui n'avaient pas été massacrés le 27 juin.

« C'était un total de deux cents victimes, auxquelles une longue agonie était réservée, et qui furent enfermées dans un bungalow, dont le nom, Bibi-Ghar, est resté tristement célèbre

— Mais comment avez-vous connu ces horribles détails ? demandai-je à Banks.

— Par un vieux sergent du 32e régiment de l'armée royale, me répondit l'ingénieur. Cet homme, échappé par miracle, fut recueilli par le rajah de Raïschwarah, l'une des provinces du royaume d'Oude, lequel le reçut, ainsi que quelques autres fugitifs, avec la plus grande humanité.

— Et lady Munro et sa mère, que devinrent-elles ?

— Mon cher ami, me répondit Banks, nous n'avons plus le témoignage direct de ce qui s'est passé depuis cette date, mais il n'est que trop facile de le conjecturer. En effet, les Cipayes étaient maîtres de Cawnpore. Ils le furent jusqu'au 15 juillet, et pendant ces dix-neuf jours, dix-neuf siècles ! les malheureuses victimes attendirent à chaque heure un secours qui ne devait arriver que trop tard.

« Depuis quelque temps déjà, le général Havelock, parti de Calcutta, marchait au secours de Cawnpore, et, après avoir battu les révoltés à plusieurs reprises, il y entrait le 17 juillet.

« Mais, deux jours avant, lorsque Nana Sahib apprit que les troupes royales avaient franchi la rivière de Pandou-Naddi, il résolut de signaler par d'épouvantables massacres les dernières heures de son occupation. Tout lui semblait permis vis-à-vis des envahisseurs de l'Inde !

« Quelques prisonniers, qui avaient partagé la captivité des prisonnières du Bibi-Ghar, furent amenés devant lui et égorgés sous ses yeux.

« Restait la foule des femmes et des enfants, et, dans cette foule, lady Munro et sa mère. Un peloton du 6e régiment de Cipayes reçut l'ordre de les fusiller à travers les fenêtres du Bibi-Ghar. L'exécution commença, mais, comme elle ne se faisait pas assez vite au gré du Nana, obligé de battre en retraite, ce prince sanguinaire mêla des bouchers musulmans aux soldats de sa garde... Ce fut la tuerie d'un abattoir !

« Le lendemain, morts ou vivants, enfants et femmes, étaient précipités dans un puits voisin, et, lorsque les soldats d'Havelock arrivèrent, ce puits, comblé de cadavres jusqu'à la margelle, fumait encore !

« Alors les représailles commencèrent. Un certain nombre de révoltés, complices de Nana Sahib, étaient tombés entre les mains du général Havelock. Celui-ci lança le terrible ordre du jour suivant, dont je n'oublierai jamais les termes :

« Le puits dans lequel repose la dépouille mor-
« telle des pauvres femmes et des enfants massacrés
« par ordre du mécréant Nana Sahib sera comblé et
« couvert avec soin en forme de tombeau. Un déta-
« chement de soldats européens, commandé par un
« officier, remplira ce soir ce pieux devoir. La maison
« et les chambres où le massacre a eu lieu ne se-
« ront pas nettoyées ou blanchies par les compa-
« triotes des victimes. Le brigadier entend que cha-
« que goutte du sang innocent soit nettoyée ou léchée
« de la langue par les condamnés, avant l'exécution,
« proportionnellement à leur rang de caste et à la
« part qu'ils ont prise dans le massacre. En consé-
« quence, après avoir entendu la lecture de la sen-
« tence de mort, tout condamné sera conduit à la
« maison du massacre et forcé de nettoyer une cer-

« taine partie du plancher. On prendra soin de rendre « la tâche aussi révoltante que possible aux senti- « ments religieux du condamné, et le prévôt-maré- « chal n'épargnera pas la lanière, s'il en est besoin. « La tâche accomplie, la sentence sera exécutée à la « potence élevée près de la maison. »

« Tel fut, reprit Banks fort ému, cet ordre du jour. Il fut suivi dans toutes ses prescriptions. Mais les victimes n'étaient plus. Elles avaient été massacrées, mutilées, déchirées ! Lorsque le colonel Munro, arrivé deux jours après, voulut essayer de reconnaître quelque reste de lady Munro et de sa mère, il ne retrouva rien... rien ! »

Voilà ce que m'avait raconté Banks, avant notre arrivée à Cawnpore, et maintenant, c'était vers le lieu même où s'était accompli le hideux massacre que se dirigeait le colonel.

Mais, auparavant, il voulut revoir le bungalow où avait demeuré lady Munro, où elle avait passé sa jeunesse, cette demeure où il l'avait vue pour la dernière fois, le seuil sur lequel il avait reçu ses derniers embrassements.

Ce bungalow était bâti un peu en dehors des faubourgs de la ville, non loin de la ligne des cantonnements militaires. Des ruines, des pans de murs encore noircis, quelques arbres couchés à terre et desséchés, voilà tout ce qui restait de l'habitation. Le colonel n'avait pas permis que rien fût réparé. Le bungalow était tel, après six ans, que l'avait fait la main des incendiaires.

Nous passâmes une heure en ce lieu désolé. Sir Edward Munro allait silencieusement à travers ces ruines, desquelles tant de souvenirs sortaient pour lui. Sa pensée évoquait toute cette existence de bonheur que rien ne pouvait désormais lui rendre. Il revoyait la jeune fille, heureuse, dans cette maison où elle était née, où il l'avait connue, et, quelquefois, il fermait les yeux comme pour mieux la revoir!

Mais enfin, brusquement, comme s'il eût dû se faire violence à lui-même, il revint en arrière et nous entraîna au dehors.

Banks avait espéré que le colonel se bornerait peut-être à visiter ce bungalow... Mais non! Sir Edward Munro avait résolu d'épuiser jusqu'à la dernière les amertumes que lui réservait cette ville funeste! Après l'habitation de lady Munro, il voulut revoir la caserne où tant de victimes, auxquelles l'énergique femme s'était si héroïquement dévouée, avaient subi toutes les horreurs d'un siège.

Cette caserne était située dans la plaine, en dehors de la ville, et l'on bâtissait alors une église sur son emplacement, là où la population de Cawnpore avait dù chercher refuge. Pour nous y rendre, nous suivîmes une route macadamisée, ombragée par de beaux arbres.

C'est là que s'était accompli le premier acte de l'horrible tragédie. Là avaient vécu, souffert, agonisé, lady Munro et sa mère, jusqu'au moment où la capitulation remit aux mains de Nana Sahib cette troupe de victimes, déjà vouées à un épouvantable massacre, et que le traître avait promis de faire conduire saines et sauves à Allahabad.

Autour des constructions inachevées, on distinguait encore des restes de murailles en briques, vestiges de ces travaux de défense qui avaient été élevés par le général Wheeler [1].

Le colonel Munro resta longtemps immobile et silencieux devant ces ruines. A son souvenir se présentaient plus vivement les affreuses scènes dont

1. Depuis cette époque, l'église commémorative a été achevée. Sur les tablettes de marbre, des inscriptions rappellent la mémoire des ingénieurs du chemin de fer East-Indian qui moururent de maladie ou de leurs blessures pendant la grande insurrection de 1857, la mémoire des officiers, sergents et soldats du 34e régiment de l'armée royale tués au combat du 17 novembre devant Cawnpore, du capitaine Stuart Beatson, des officiers, hommes et femmes, du 32e régiment, morts pendant les sièges de Lucknow et de Cawnpore ou pendant l'insurrection, la mémoire enfin des martyrs du Bibi-Ghar, massacrés en juillet 1857.

elles avaient été le théâtre. Après le bungalow où lady Munro avait vécu heureuse, la caserne dans laquelle elle avait souffert au delà de tout ce qu'on peut imaginer !

Il restait à visiter le Bibi-Ghar, cette demeure dont le Nana fit une prison, où se creusait ce puits au fond duquel les victimes avaient été confondues dans la mort.

Lorsque Banks vit le colonel se diriger de ce côté, il lui saisit le bras comme pour l'arrêter.

Sir Edward Munro le regarda bien en face, et, d'une voix horriblement calme :

« Marchons ! dit-il.

— Munro ! je t'en prie !...

— J'irai donc seul. »

Il n'y avait pas à résister.

Nous nous sommes alors dirigés vers le Bibi-Ghar, que précèdent des jardins bien dessinés et plantés de beaux arbres.

Là s'élève une colonnade en style gothique, de forme octogonale. Elle entoure l'endroit où se creusait le puits, dont l'orifice est maintenant fermé par un revêtement de pierres. C'est une sorte de socle, qui supporte une statue de marbre blanc, l'Ange de la Pitié, l'un des derniers ouvrages dus au ciseau de sculpteur Marochetti.

Ce fut lord Canning, gouverneur général des Indes pendant la terrible insurrection de 1857, qui fit élever ce monument expiatoire, construit sur les dessins du colonel du génie Yule, et qu'il voulut même payer de ses propres deniers.

Devant ce puits où les deux femmes, la mère et la fille, après avoir été frappées par les bouchers de Nana Sahib, avaient été précipitées, encore vivantes peut-être, sir Edward Munro ne put retenir ses larmes. Il tomba à genoux sur la pierre du monument.

Le sergent Mac Neil, près de lui, pleurait en silence.

Nous avions tous le cœur brisé, ne trouvant rien à dire pour consoler cette inconsolable douleur, espérant que sir Edward Munro épuiserait là les dernières larmes de ses yeux!

Ah! s'il eût été de ces premiers soldats de l'armée royale qui entrèrent à Cawnpore, qui pénétrèrent dans ce Bibi-Ghar, après l'effroyable massacre, il serait mort de douleur!

En effet, voici ce que rapporte un des officiers anglais, — récit qui a été recueilli par M. Rousselet :

« A peine entrés à Cawnpore, nous courûmes à la recherche des pauvres femmes que nous savions entre les mains de l'odieux Nana, mais bientôt nous apprîmes l'affreuse exécution. Torturés par une terrible soif de vengeance, et pénétrés du sentiment des épouvantables souffrances qu'avaient dû endurer les malheureuses victimes, nous sentions se réveiller en nous d'étranges et sauvages idées. Ardents et à moitié fous, nous courons vers le triste lieu du martyre. Le sang coagulé, mêlé de débris sans nom, couvrait le sol de la petite chambre où elles étaient enfermées et nous montait jusqu'aux chevilles. De longues tresses de cheveux longs et soyeux, des lambeaux de robes, de petits souliers d'enfants, des jouets, jonchaient ce sol mouillé. Les murs, barbouillés de sang, portaient les traces de l'horrible agonie. Je ramassai un petit livre de prières, dont la première page portait ces touchantes inscriptions : « 27 juin, quitté les bateaux... 7 juillet, prisonniers du Nana... fatale « journée. » Mais ce n'étaient point là les seules horreurs qui nous attendaient. Bien plus horrible encore était la vue du puits profond et étroit où étaient entassés les restes mutilés de ces tendres créatures !... »

Sir Edward Munro n'était pas là, aux premières heures où les soldats d'Havelock s'emparaient de la ville ! Il n'arriva que deux jours après l'odieuse immolation ! Et maintenant, il n'avait plus là devant les yeux que l'emplacement où s'ouvrait le funeste puits, tombeau sans nom des deux cents victimes de Nana Sahib !

Cette fois, Banks, aidé du sergent, parvint à l'entraîner de force.

Le colonel Munro ne devait jamais oublier ces deux mots que l'un des soldats d'Havelock avait tracés avec sa baïonnette sur la margelle du puits :

« Remember Cawnpore !

« Souviens-toi de Cawnpore. ».

CHAPITRE XI

LE CHANGEMENT DE MOUSSON

A onze heures, nous étions de retour au campement, ayant, on le comprend, la plus grande hâte de quitter Cawnpore ; mais quelques réparations à faire à la pompe d'alimentation de la machine ne permettaient pas de partir avant le lendemain matin.

Il me restait donc une demi-journée. Je ne crus pas pouvoir mieux l'employer qu'à visiter Lucknow. L'intention de Banks était de ne point passer par cette ville, dans laquelle le colonel Munro se serait retrouvé sur l'un des principaux théâtres de la guerre. Il avait raison ! C'étaient encore là des souvenirs trop poignants pour lui.

Donc, à midi, après avoir quitté Steam-House, je pris le petit tronçon de railway qui relie Cawnpore à Lucknow. Le parcours ne dépasse pas une vingtaine de lieues, et j'arrivai en deux heures dans cette importante capitale du royaume d'Oude, dont je ne voulais prendre qu'une vue sommaire, — ce qu'on appelle une impression.

Je reconnus, du reste, la vérité de ce que j'avais entendu dire à propos des monuments de Lucknow, bâtis sous le règne des empereurs musulmans au XVIIe siècle.

Ce fut un Français, un Lyonnais, nommé Martin, un simple soldat de l'armée de Lally-Tollendal, en 1730, devenu le favori du roi, qui fut le créateur, l'ordonnateur, on pourrait dire l'architecte de ces prétendues merveilles de la capitale de l'Oude. La résidence officielle des souverains, le Kaiserbâgh, hétéroclite assemblage de tous les styles qui pouvaient sortir de l'imagination d'un caporal, n'est qu'une œuvre de surface. Rien au dedans, tout en dehors, mais ce dehors est à la fois indou, chinois, mauresque et... européen. Il en est de même d'un autre palais plus petit, le Farid Bâkch, qui est également l'ouvrage de Martin. Quant à l'Imâmbara, bâti au milieu de la forteresse par Kaïfiâtoulla, le premier architecte des Indes au XVIIe siècle, il est réellement superbe et produit un effet grandiose avec les mille clochetons qui hérissent ses courtines.

Je ne pouvais quitter Lucknow sans visiter le pa

lais Constantin, qui est encore l'œuvre personnelle du caporal français, et porte le nom de palais de la Martinière. Je voulus voir aussi le jardin voisin, le Secunder Bâgh, où furent massacrés par centaines les Cipayes qui avaient violé la tombe de l'humble soldat avant d'abandonner la ville.

Il faut ajouter que le nom de Martin n'est pas le seul nom français qui soit en honneur à Lucknow. Un ancien sous-officier de chasseurs d'Afrique, appelé Duprat, se distingua tellement par sa bravoure pendant la période insurrectionnelle, que les révoltés lui offrirent de se mettre à leur tête. Duprat refusa noblement, malgré les richesses qui lui furent promises, malgré les menaces dont on l'accabla. Il resta fidèle aux Anglais. Mais, particulièrement désigné aux coups des Cipayes qui n'avaient pu faire de lui un traître, il fut tué dans une rencontre : « Chien d'infidèle, avaient dit les révoltés, nous t'aurons malgré toi ! » Ils l'eurent, mort.

Les noms de ces deux soldats français avaient donc été unis dans les même représailles. Les Cipayes, qui avaient violé la tombe de l'un et creusé la tombe de l'autre, furent massacrés sans pitié.

Enfin, après avoir admiré les parcs superbes qui font à cette grande cité de cinq cent mille habitants comme une ceinture de verdure et de fleurs, après avoir parcouru à dos d'éléphant ses rues principales et son magnifique boulevard du Hazrat Gaudj, je repris le railway et revins le soir même à Cawnpore.

Le lendemain, 31 mai, dès l'aube, nous étions en route.

« Enfin, s'écria le capitaine Hod, c'en est donc fini avec les Allahabad, les Cawnpore, les Lucknow et autres villes, dont je me soucie comme d'une cartouche vide !

— Oui, c'est fini, Hod, répondit Banks, et maintenant, nous allons marcher directement vers le nord, de manière à rejoindre presque en droite ligne la base de l'Himalaya.

— Bravo! reprit le capitaine. Ce que j'appelle l'Inde par excellence, ce ne sont pas les provinces hérissées de villes ou peuplées d'Indous, c'est le pays où vivent en liberté mes amis les éléphants, les lions, les tigres, les panthères, les guépards, les ours, les buffles, les serpents! Là est la seule partie véritablement habitable de la péninsule ! Vous verrez cela, Maucler, et vous n'aurez pas à regretter les merveilles de la vallée du Gange!

— Je ne regretterai rien en votre compagnie, mon cher capitaine, répondis-je.

— Cependant, dit Banks, il y a encore dans le

nord-ouest d'autres villes très intéressantes, Delhi, Agra, Lahore...

— Eh! ami Banks, s'écria Hod, qui a jamais entendu parler de ces misérables bourgades!

— Misérables bourgades! répliqua Banks, non pas, Hod, mais des cités magnifiques! Soyez tranquille, mon cher ami, ajouta l'ingénieur en se retournant vers moi, nous tâcherons de vous montrer cela, sans déranger les plans de campagne du capitaine

— A la bonne heure, Banks, répondit Hod, mais c'est d'aujourd'hui seulement que notre voyage va commencer! »

Puis, d'une voix forte :

« Fox? » cria-t-il.

Le brosseur accourut.

« Présent! mon capitaine, dit-il.

— Fox, que les fusils, les carabines et les revolvers soient en état!

— Ils le sont.

— Visite les batteries.

— Elles sont visitées.

— Prépare les cartouches.

— Elles sont préparées.

— Tout est prêt?

— Tout est prêt.

— Que ce soit encore plus prêt, si c'est possible!

— Ce le sera.

— Le trente-huitième ne tardera pas à prendre rang sur cette liste qui fait ta gloire, Fox !

— Le trente-huitième ! s'écria le brosseur, dont un rapide éclair alluma l'œil. Je vais lui préparer une bonne petite balle explosive dont il n'aura pas lieu de se plaindre !

— Va, Fox, va ! »

Fox salua militairement, fit demi-tour et alla s'enfermer dans son arsenal.

Voici maintenant quel est l'itinéraire de cette seconde partie de notre voyage, — itinéraire qui ne doit point être modifié, à moins d'événements impossibles à prévoir.

Pendant soixante-quinze kilomètres environ, cet itinéraire remonte le cours du Gange en se dirigeant vers le nord-ouest ; mais, à partir de ce point, il se redresse, court droit au nord entre un des affluents du grand fleuve et un autre affluent important de la Goutmi. Il évite ainsi un certain nombre de cours d'eau, qui se dispersent à droite et à gauche, et, par Biswah, il s'élève obliquement jusqu'aux premières ondulations des montagnes du Népaul, à travers la partie occidentale du royaume d'Oude et du Rokilkhande.

Ce parcours avait été judicieusement choisi par

l'ingénieur, de manière à tourner toutes difficultés. Si le charbon devenait plus difficile à trouver dans le nord de l'Indoustan, le bois ne devait jamais faire défaut. Quant à notre Géant d'Acier, il pourrait aisément circuler, sous n'importe quelle allure, le long de ces routes si bien entretenues, à travers les plus belles forêts de la péninsule indienne.

Quatre-vingts kilomètres environ nous séparaient de la petite ville de Biswah. Il fut convenu que nous les franchirions avec une vitesse très modérée, — en six jours. Cela permettait de s'arrêter lorsque le site plairait, et les chasseurs de l'expédition auraient le temps d'accomplir leurs prouesses. D'ailleurs, le capitaine Hod et le brosseur Fox, auxquels Goûmi se joignait volontiers, pourraient facilement battre l'estrade, tandis que le Géant d'Acier s'en irait à pas comptés. Il ne m'était pas défendu de les accompagner dans leurs battues, bien que je fusse un chasseur peu expérimenté, et je me joignis à eux quelquefois.

Je dois dire que depuis ce moment où notre voyage entra dans une nouvelle phase, le colonel Munro se tint un peu moins à l'écart. Il me parut devenir plus sociable, en dehors de la ligne des villes, au milieu des forêts et des plaines, loin de la vallée du Gange que nous venions de parcourir. Dans ces conditions, il semblait retrouver le calme de cette existence qu'il menait à Calcutta. Et cependant, pouvait-il oublier que sa maison roulante s'élevait vers ce nord de l'Inde, où l'attirait quelque fatalité irrésistible! Quoi qu'il en soit, sa conversation était plus animée pendant les repas, pendant la sieste, et souvent même, aux heures de halte, elle se prolongeait fort avant dans ces belles nuits que la saison chaude nous donnait encore. Quant à Mac Neil, depuis la visite au puits de Cawnpore, il me paraissait plus sombre que d'habitude. La vue du Bibi-Ghar avait-elle donc ravivé en lui une haine qu'il espérait encore assouvir?

« Nana Sahib, me dit-il un jour, non, monsieur, non! il n'est pas possible qu'ils nous l'aient tué! »

La première journée se passa sans incidents qui vaillent la peine d'être rapportés. Ni le capitaine Hod ni Fox n'eurent l'occasion de mettre en joue le moindre animal. C'était désolant, et même assez extraordinaire pour qu'on pût se demander si l'apparition du Géant d'Acier ne tenait pas à distance les terribles fauves de ces plaines. En effet, on côtoya quelques jungles, qui sont les repaires habituels des tigres et autres carnassiers de la race féline. Pas un ne se montra. Les deux chasseurs s'étaient cependant écartés d'un ou deux milles sur les flancs de notre convoi. Ils durent donc se résigner à emmener Black et Phann, pour chasser le menu gibier, dont monsieur Parazard réclamait sa fourniture quotidienne. Il n'entendait pas raison là-dessus, notre chef noir, et lorsque le brosseur lui parlait de tigres, de guépards ou autres bêtes peu comestibles, il haussait dédaigneusement les épaules en disant :

« Est-ce que cela se mange ! »

Ce soir-là, nous campâmes à l'abri d'un groupe d'énormes banians. Cette nuit fut aussi tranquille que le jour avait été calme. Le silence ne fut pas même troublé par des hurlements de fauves. Notre éléphant reposait, cependant. Ses hennissements ne se faisaient plus entendre. Les feux du campement étaient éteints, et, pour satisfaire le capitaine, Banks n'avait pas même établi le courant électrique, qui changeait les yeux du Géant d'Acier en deux puissants fanaux. Mais rien !

Il en fut de même pendant les journées du 1er et du 2 juin. C'était désespérant.

« On m'a changé mon royaume d'Oude ! répétait le capitaine Hod. On l'a transporté en pleine Europe ! Il n'y a pas plus de tigres ici que dans les basses terres d'Écosse !

— Il est possible, mon cher Hod, répondit le colonel Munro, que des battues aient été récemment faites sur ces territoires, et que les animaux aient émigré en masse. Mais ne vous désespérez pas, et attendez que nous soyons aux pieds des montagnes du Népaul. Vous aurez là de quoi exercer utilement vos instincts de chasseur.

— Il faut l'espérer, mon colonel, répondit Hod en secouant la tête, sans quoi nous n'aurions plus qu'à refondre nos balles pour en faire du petit plomb ! »

La journée du 3 juin fut une des plus chaudes que nous eussions encore endurées. Si la route n'avait pas été ombragée par de grands arbres, je crois que nous aurions littéralement cuit dans notre demeure roulante. Le thermomètre monta à quarante-sept degrés à l'ombre, et il n'y avait pas un souffle de vent. Il était donc possible que, par une pareille température, dans cette atmosphère de feu, les carnassiers ne songeassent point à quitter leurs tanières, même pendant la nuit.

Le lendemain, 3 juin, au lever du soleil, l'horizon, pour la première fois, se montra assez brumeux dans l'ouest. Nous eûmes alors le magnifique spectacle de l'un de ces phénomènes de mirage que, dans certaines parties de l'Inde, on appelle « seekote », ou châteaux aériens, et, dans d'autres, « dessasur », ou illusion.

Ce n'était point une prétendue nappe d'eau avec ses curieux effets de réfraction, qui se développait devant nos regards, c'était toute une chaîne de collines peu élevées, chargée des plus fantastiques châteaux du monde, quelque chose comme les hauteurs d'une vallée du Rhin, avec leurs antiques repaires de burgraves. Nous nous trouvions en un instant transportés, non seulement dans la portion romane de la vieille Europe, mais à cinq ou six cents ans en arrière, en plein moyen âge.

Ce phénomène, dont la netteté était surprenante, nous donnait le sentiment d'une réalité absolue. Aussi, le Géant d'Acier, avec tout l'attirail de la machinerie moderne, marchant vers une ville du onzième siècle, me semblait-il beaucoup plus dépaysé que lorsqu'il courait, tout empanaché de vapeurs, le pays de Vishnou et de Brahma.

« Merci, dame nature! s'écria le capitaine Hod. Après tant de minarets et de coupoles, après tant de mosquées et de pagodes, voici donc quelque vieille cité de l'époque féodale, avec les merveilles romanes ou gothiques qu'elle déploie à mes yeux!

— Quel poète, ce matin, que notre ami Hod! répondit Banks. A-t-il donc, avant déjeuner, avalé quelque ballade?

— Riez, Banks, plaisantez, moquez-vous! riposta

le capitaine Hod, mais regardez! Voici les objets qui s'agrandissent aux premiers plans! Voici les arbrisseaux qui deviennent des arbres, les collines qui deviennent des montagnes, les...

— Les simples chats qui deviendraient des tigres, s'il y avait des chats, n'est-ce pas, Hod?

— Ah! Banks! ce ne serait pas à dédaigner!... Bon! s'écria le capitaine, voilà mes châteaux du Rhin qui s'effondrent, la ville qui s'écroule, et nous retombons dans le réel, un simple paysage du royaume d'Oude, que les fauves ne veulent même plus habiter! »

Le soleil, débordant l'horizon de l'est, venait de modifier instantanément les jeux de la réfraction. Les burgs, comme des châteaux de cartes, s'abattaient avec la colline qui se transformait en plaine.

« Eh bien, puisque le mirage a disparu, dit Banks, et qu'avec lui s'est dissipée toute la verve poétique du capitaine Hod, voulez-vous, mes amis, savoir ce que ce phénomène présage?

— Dites, ingénieur! s'écria le capitaine.

— Un très prochain changement de temps, répondit Banks. Du reste, nous voici dans les premiers jours de juin, qui provoquent des modifications climatériques. Le renversement de la mousson va amener la saison des pluies périodiques.

— Mon cher Banks, dis-je, nous sommes clos et couverts, n'est-il pas vrai? Eh bien, vienne la pluie! Fût-elle diluvienne, elle me paraît préférable à ces chaleurs....

— Vous serez satisfait, mon cher ami, répondit Banks. Je crois que la pluie n'est pas loin, et que nous verrons bientôt monter les premiers nuages du sud-ouest! »

Banks ne se trompait pas. Vers le soir, l'horizon occidental commença à se charger de vapeurs, ce qui indiquait que la mousson, ainsi que cela arrive le plus souvent, allait s'établir pendant la nuit. C'était l'océan Indien qui nous envoyait, à travers la péninsule, ses brumes saturées d'électricité, comme autant de grosses outres du dieu Éole, qui contenaient l'ouragan et l'orage.

Quelques autres phénomènes, auxquels un Anglo-Indien n'eût pu se méprendre, s'étaient manifestés aussi pendant cette journée. Des volutes d'une poussière très ténue avaient tourbillonné sur la route pendant la marche du train. Le mouvement des roues, peu rapide d'ailleurs, — aussi bien les roues de notre moteur que celles des deux chars roulants, — auraient certainement pu soulever cette poussière, mais non pas avec une telle intensité. On eût dit un nuage de ces duvets que fait danser une machine électrique mise en mouvement. Le sol pouvait donc être comparé à un immense récepteur, dans lequel l'électricité se serait emmagasinée depuis plusieurs jours. En outre, cette poussière se teignait de reflets jaunâtres, du plus singulier effet, et dans chaque molécule brillait un petit centre lumineux. Il y avait eu des instants où tout notre appareil semblait marcher au milieu des flammes, — flammes sans chaleur, mais qui, ni par leur couleur ni par leur vivacité, ne rappelaient celles du feu Saint-Elme.

Storr nous raconta qu'il avait quelquefois vu des trains courir ainsi sur leurs rails au milieu d'une double haie de poussière lumineuse, et Banks confirma le dire du mécanicien. Pendant un quart d'heure, j'avais pu observer très exactement ce singulier phénomène à travers les hublots de la tourelle, d'où je dominais la route sur un parcours de cinq à six kilomètres. Le chemin, sans arbres, était poudreux, chauffé à blanc par les rayons verticaux du soleil. A ce moment, il me sembla que la chaleur de l'atmosphère dominait encore celle du foyer de la machine. C'était véritablement insoutenable, et, lorsque je vins respirer un air plus frais sous le battement d'ailes de la punka, j'étais à demi suffoqué.

Le soir, vers sept heures, Steam-House s'arrêta. Le lieu de halte, choisi par Banks, fut la lisière d'une forêt de magnifiques banians, qui paraissait s'étendre à l'infini dans le nord. Une assez belle route la traversait, et nous promettait pour le lendemain un trajet plus facile sous de hauts et larges dômes de verdure.

Les banians, ces géants de la flore indoue, sont de véritables grands-pères, on pourrait dire des chefs de famille végétale, qu'entourent leurs enfants et petits-enfants. Ceux-ci, s'élançant d'une racine commune, montent droit autour du tronc principal, dont ils sont complètement dégagés, et vont se perdre dans la haute ramure paternelle. Ils ont vraiment l'air d'être couvés sous cet épais feuillage, comme les poussins sous les ailes de leur mère. De là le curieux aspect que présentent ces forêts plusieurs fois séculaires. Les vieux arbres ressemblent à des piliers isolés, supportant l'immense voûte, dont les fines nervures s'appuient sur de jeunes banians, qui deviendront piliers à leur tour.

Ce soir-là, le campement fut organisé plus complètement qu'à l'ordinaire. En effet, si la journée du lendemain devait être aussi chaude que celle-ci l'avait été, Banks se proposait de prolonger la halte, quitte à voyager pendant la nuit.

Le colonel Munro ne demandait pas mieux que

de passer quelques heures dans cette belle forêt, si ombreuse, si calme. Tous s'étaient rangés à son avis, les uns parce qu'ils avaient véritablement besoin de repos, les autres parce qu'il voulaient essayer de rencontrer enfin quelque animal, digne du coup de fusil d'un Anderson ou d'un Gérard. On devine quels étaient ces derniers.

« Fox, Goûmi, il n'est que sept heures! cria le capitaine Hod. Un tour dans la forêt, avant que la nuit ne soit tout à fait venue! — Nous accompagnerez-vous, Maucler?

— Mon cher Hod, dit Banks, avant que je n'eusse pu répondre, vous feriez mieux de ne pas vous éloigner du campement. Les menaces du ciel sont sérieuses. Que l'orage se déchaîne, vous aurez peut-être quelque peine à nous rejoindre. Demain, si nous restons à notre lieu de halte, vous irez....

— Demain, il fera jour, répondit le capitaine Hod, et l'heure est propice pour tenter l'aventure!

— Je le sais, Hod, mais la nuit qui se prépare n'est vraiment pas rassurante. En tout cas, si vous tenez absolument à partir, ne vous éloignez pas. Dans une heure il fera déjà très noir, et vous pourriez être fort embarrassés pour retrouver le campement.

— Soyez tranquille, Banks. Il est sept heures à

peine, et je ne demande à mon colonel qu'une permission de dix heures.

— Allez donc, mon cher Hod, répondit sir Edward Munro, mais tenez compte des recommandations de Banks.

— Oui, mon colonel. »

Le capitaine Hod, Fox et Goûmi, armés d'excellentes carabines de chasse, quittèrent le campement et disparurent sous les hauts banians qui bordaient la droite de la route.

J'avais été si fatigué par la chaleur, pendant cette journée, que je préférai rester à Steam-House.

Cependant, par ordre de Banks, les feux, au lieu d'être complètement éteints, furent seulement repoussés au fond du foyer, de manière à conserver une ou deux atmosphères de pression dans la chaudière. L'ingénieur voulait être, le cas échéant, prêt à tout événement.

Storr et Kâlouth s'occupèrent alors de refaire le combustible et l'eau. Un petit ruisseau, qui coulait sur la gauche de la route, leur fournit le liquide nécessaire, et les arbres voisins le bois dont ils avaient besoin pour charger le tender. Pendant ce temps, monsieur Parazard vaquait à ses occupations habituelles, et, tout en desservant les restes du dîner du jour, il méditait le menu du dîner du lendemain.

Il faisait encore assez clair. Le colonel Munro, Banks, le sergent Mac Neil et moi, nous allâmes faire la sieste sur le bord du ruisseau. Le courant de cette eau limpide rafraîchissait l'atmosphère, qui était réellement étouffante, même à cette heure. Le soleil n'était pas encore couché. Sa lumière, par opposition, teintait d'une couleur d'encre bleue la masse des vapeurs, que l'on voyait s'accumuler peu à peu au zénith, à travers les grandes déchirures du feuillage. C'étaient des nuages lourds, épais, condensés, dont aucun vent ne semblait provoquer la marche, et qui paraissaient avoir leur moteur en eux-mêmes.

Notre causerie dura jusqu'à huit heures environ. De temps en temps, Banks se levait et allait prendre une vue plus étendue de l'horizon, en s'avançant jusqu'à la lisière de la forêt qui coupait brusquement la plaine, à moins d'un quart de mille du campement. Lorsqu'il revenait, il hochait la tête d'un air peu rassuré.

La dernière fois, nous l'avions accompagné. Déjà l'obscurité commençait à se faire sous le couvert des banians. Arrivés à la lisière, je vis qu'une immense plaine s'étendait vers l'ouest jusqu'à une série de petites collines vaguement profilées, qui se confondaient déjà avec les nuages.

L'aspect du ciel était alors terrible dans son calme. Aucun souffle de vent n'agitait les hautes feuilles des arbres. Ce n'était pas le repos de la nature endormie, que les poètes ont si souvent chanté ; c'était, au contraire, un sommeil pesant et maladif. Il semblait qu'il y eût comme une tension contenue de l'atmosphère. Je ne puis mieux comparer l'espace qu'à la boîte à vapeur d'une chaudière, lorsque le fluide trop comprimé est prêt à faire explosion.

L'explosion était imminente.

Les nuages orageux, en effet, étaient très élevés, ainsi que cela se produit généralement au-dessus des plaines, et ils présentaient de larges contours curvilignes, très nettement arrêtés. Ils semblaient même se gonfler, diminuer de nombre et augmenter de grandeur, tout en restant attachés à la même base. Évidemment, avant peu, ils se seraient tous fondus en une seule masse, qui accroîtrait la densité du nuage unique. Déjà les petites nuées additionnelles, subissant une sorte d'influence attractive, heurtées, repoussées, écrasées les unes contre les autres, se perdaient confusément dans l'ensemble.

Vers huit heures et demie, un éclair en zig-zag, à angles très aigus, déchira la masse sombre sur une longueur de deux mille cinq cents à trois mille mètres.

Soixante-cinq secondes après, un coup de tonnerre éclatait et prolongeait ses roulements sourds, spéciaux à la nature de ce genre d'éclairs, qui durèrent environ quinze secondes.

« Vingt et un kilomètres, dit Banks, après avoir consulté sa montre. C'est presque la distance maximum à laquelle le tonnerre peut se faire entendre. Mais l'orage, une fois déchaîné, viendra vite, et il ne faut pas l'attendre. Rentrons, mes amis.

— Et le capitaine Hod? dit le sergent Mac Neil.

— Le tonnerre lui donne l'ordre de revenir, répondit Banks. J'espère qu'il obéira. »

Cinq minutes après, nous étions de retour au campement, et nous prenions place sous la vérandah du salon.

CHAPITRE XII

TRIPLES FEUX

L'Inde partage avec certains territoires du Brésil, — celui de Rio-Janeiro entre autres, — le privilège d'être de tous les pays du globe le plus troublé par les orages. Si en France, en Angleterre, en Allemagne, dans cette partie moyenne de l'Europe, on n'estime pas à plus de vingt par an le nombre des jours où les éclats du tonnerre se font entendre, il convient de savoir que, dans la péninsule indienne, ce nombre s'élève annuellement au delà de cinquante.

Voilà pour la météorologie générale. Dans ce cas particulier, en raison des circonstances dans lesquelles il se produisait, nous devions attendre un orage d'une violence extrême.

Dès que nous fûmes rentrés à Steam-House, je

consultai le baromètre. Une baisse de deux pouces s'était subitement faite dans la colonne mercurielle, — de vingt-neuf à vingt-sept pouces[1].

Je le fis observer au colonel Munro.

« Je suis inquiet de l'absence du capitaine Hod et de ses compagnons, me répondit-il. L'orage est imminent, la nuit vient, les ténèbres s'accroissent. Des chasseurs s'éloignent toujours plus qu'ils ne le promettent et même plus qu'ils ne le veulent. Comment retrouveront-ils leur chemin dans cette profonde obscurité ?

— Les enragés ! dit Banks. Il a été impossible de leur faire entendre raison ! Très certainement, ils auraient mieux fait de ne pas partir !

— Sans doute, Banks, mais ils sont partis, répondit le colonel Munro, et il faut tout faire pour qu'ils reviennent.

— N'y a-t-il pas un moyen de signaler l'endroit où nous sommes ? demandai-je à l'ingénieur.

— Si, répondit Banks, en allumant nos fanaux électriques, qui sont d'une grande puissance éclairante et se voient de très loin. Je vais établir le courant.

— Excellente idée, Banks.

1. Environ sept cent trente millimètres.

— Voulez-vous que j'aille à la recherche du capitaine Hod ? demanda le sergent.

— Non, mon vieux Neil, répondit le colonel Munro, tu ne le retrouverais pas et tu t'égarerais à ton tour. »

Banks se mit en mesure d'utiliser les feux dont il disposait. Les éléments de la pile furent mis en activité, le courant établi, et bientôt les deux yeux du Géant d'Acier, comme deux phares électriques, projetaient leur faisceau lumineux à travers le sombre dessous des banians. Il est certain que, dans cette nuit obscure, la portée de ces feux devait être très considérable et pouvait guider nos chasseurs.

En ce moment, une sorte d'ouragan, d'une violence extrême, se déchaîna. Il déchira la cime des arbres, obliqua vers le sol et siffla à travers les colonnettes des banians, comme s'il eût traversé les tuyaux sonores d'un buffet d'orgues.

Ce fut subit.

Une grêle de branches mortes, une averse de feuilles arrachées, cribla la route. Les toitures de Steam-House résonnèrent lamentablement sous cette projection qui produisait un roulement continu. Il fallut nous mettre à l'abri dans le salon et fermer toutes les fenêtres. La pluie ne tombait pas encore.

« C'est une espèce de « tofan », dit Banks.

Les Indous donnent ce nom aux ouragans impétueux et soudains, qui dévastent plus particulièrement les régions montagneuses et sont fort redoutés dans le pays.

« Storr! cria Banks au mécanicien, as-tu soigneusement clos les embrasures de la tourelle?

— Oui, monsieur Banks, répondit le mécanicien. Il n'y a rien à craindre de ce côté.

— Où est Kâlouth?

— Il finit d'arrimer le combustible dans le tender.

— Demain, répondit l'ingénieur, nous n'aurons plus que la peine de ramasser le bois! Le vent se fait bûcheron, et il nous épargne de la besogne! Maintiens ta pression, Storr, et reviens te mettre à l'abri.

— A l'instant, monsieur.

— Tes bâches sont pleines, Kâlouth? demanda Banks.

— Oui, monsieur Banks, répondit le chauffeur. La réserve d'eau est maintenant complète.

— Bien! Rentre! rentre! »

Le mécanicien et le chauffeur eurent bientôt pris place dans la seconde voiture.

Les éclairs étaient fréquents alors, et l'explosion des nuées électriques faisait entendre un roulement sourd. Le tofan n'avait pas rafraîchi l'atmosphère. C'était un vent torride, un souffle embrasé, qui brûlait comme s'il fût sorti de la gueule d'un four.

Sir Edward Munro, Banks, Mac Neil et moi, nous ne quittions le salon que pour aller sous la vérandah. En regardant la haute ramure des banians, on la voyait se dessiner comme une fine guipure noire sur le fond ignescent du ciel. Pas d'éclair qui ne fût suivi, à quelques secondes près, des éclats du tonnerre. Un écho n'avait pas le temps de s'éteindre, qu'un nouveau coup de foudre était répercuté par lui. Aussi, une basse profonde se déroulait-elle sans discontinuer, pendant que sur cette basse se détachaient ces détonations sèches que Lucrèce a si justement comparées à l'aigre cri du papier qui se déchire.

« Comment l'orage ne les a-t-il pas ramenés encore? disait le colonel Munro.

— Peut-être, répondit le sergent, le capitaine Hod et ses compagnons auront-ils trouvé un abri dans la forêt, dans le creux de quelque arbre ou de quelque rocher, et ne nous rejoindront-ils que demain matin! Le campement sera toujours là pour les recevoir ! »

Banks secoua la tête en homme qui n'est pas rassuré. Il ne semblait pas partager l'avis de Mac Neil.

En ce moment, — il était près de neuf heures, — la pluie commença à tomber avec une violence extrême. Elle était mélangée d'énormes grêlons, qui nous lapidaient et crépitaient sur la toiture sonore de Steam-House. C'était comme un roulement sec de tambours. Il eût été impossible de s'entendre parler, quand bien même les éclats du tonnerre n'auraient pas rempli l'espace. Les feuilles des banians, hachées par cette grêle, tourbillonnaient de toutes parts.

Banks, ne pouvant se faire entendre au milieu de cet assourdissant tumulte, tendit alors le bras et nous montra les grêlons que frappaient les flancs du Géant d'Acier.

C'était à ne pas le croire! Tout scintillait au contact de ces corps durs. On eût dit que ce qui tombait des nuages était de véritables gouttes d'un métal en fusion, qui, en choquant la tôle, renvoyaient un jet lumineux. Ce phénomène indiquait à quel point l'atmosphère était saturée d'électricité. La matière fulminante la traversait incessamment, au point que tout l'espace semblait être en feu.

Banks, d'un geste, nous fit rentrer dans le salon et ferma la porte qui s'ouvrait sur la vérandah. Il y avait certainement danger à s'exposer, en plein air, au choc des effluences électriques.

Nous nous trouvions à l'intérieur, dans une obscurité que rendait plus complète la fulguration du dehors. Quel fut notre étonnement, lorsque nous vîmes que notre salive elle-même était lumineuse! Il fallait que nous fussions imprégnés du fluide ambiant à un point extraordinaire.

« Nous crachions du feu », pour employer l'expression qui a servi à caractériser ce phénomène, rarement observé, toujours effrayant. En vérité, au milieu de cette déflagration continue, feu au dedans, feu au dehors, dans le fracas de ces roulements accentués par de grands éclats de foudre, le cœur le plus ferme ne pouvait s'empêcher de battre plus rapidement.

« Et eux ! dit le colonel Munro.

— Eux !... oui !... eux ! » répondit Banks.

C'était horriblement inquiétant. Nous ne pouvions rien faire pour venir en aide au capitaine Hod et à ses compagnons, très sérieusement menacés.

En effet, s'ils avaient trouvé quelque abri, ce ne pouvait être que sous les arbres, et l'on sait, dans ces conditions, quels dangers on court pendant les orages. Au milieu de cette forêt si dense, comment auraient-ils pu se placer à cinq où six mètres de la verticale qui passe par l'extrémité des plus longues branches, — ainsi que cela est recommandé aux personnes qui se trouvent surprises dans le voisinage des arbres?

Toutes ces réflexions me venaient à l'esprit, lorsqu'un coup de tonnerre, plus sec que les autres, éclata soudain. Un intervalle d'une demi-seconde à peine l'avait séparé de l'éclair.

Steam-House en trembla et fut comme soulevée sur ses ressorts. Je crus que le train allait être culbuté.

En même temps, une odeur forte emplit l'espace, — odeur pénétrante des vapeurs nitreuses, — et très certainement, l'eau de pluie, recueillie pendant cette tourmente, eût contenu une grande quantité d'acide nitrique.

« La foudre est tombée... dit Mac Neil.

— Storr! Kâlouth! Parazard! » cria Banks.

Les trois hommes accoururent dans le salon. Par bonheur, aucun n'avait été frappé.

L'ingénieur repoussa alors la porte de la vérandah, et s'avança sur le balcon.

« Là!... voyez!... » dit-il.

Un énorme banian venait d'être foudroyé, à dix pas, à la gauche de la route. Sous l'incessante lueur électrique, on y voyait alors comme en plein jour. L'immense tronc, que ses rejetons ne pouvaient plus soutenir, était tombé en travers sur les arbres voisins. Il était nettement décortiqué dans toute sa longueur, et une longue lanière d'écorce, que la rafale agitait comme un serpent, se tordait en cinglant l'air. Il fallait que la décortication se fût opérée de bas en haut, sous l'action d'un coup de foudre ascendant d'une extrême violence.

« Un peu plus, Steam-House était foudroyée ! dit l'ingénieur. Restons, cependant. C'est encore un abri plus sûr que celui des arbres !

— Restons ! » répondit le colonel Munro.

En ce moment, des cris se firent entendre. Étaient-ce nos compagnons qui revenaient enfin ?

« C'est la voix de Parazard, » dit Storr.

En effet, le cuisinier, qui était sous la dernière vérandah, nous appelait à grands cris.

Nous allâmes aussitôt le rejoindre.

A moins de cent mètres, en arrière et sur la droite du campement, la forêt de banians était embrasée. Les plus hautes cimes des arbres disparaissaient déjà dans un rideau de flammes. L'incendie se développait avec une incroyable intensité et se dirigeait sur Steam-House plus rapidement qu'on ne l'aurait pu croire.

Le danger était imminent. Une longue sécheresse, l'élevation de la température pendant les trois mois de la saison chaude, avaient desséché arbres, arbustes, herbes. L'embrasement s'alimentait de tout ce combustible extrêmement inflammable. Ainsi que cela arrive fréquemment aux Indes, la forêt tout entière menaçait d'être dévorée.

En effet, on voyait le feu étendre son cercle d'embrasement et gagner de proche en proche. S'il atteignait le lieu du campement, en quelques minutes les deux chars seraient détruits, car leurs minces panneaux ne pouvaient les défendre du feu, comme font les épaisses parois de tôle d'un coffre-fort.

Nous restions silencieux devant ce danger. Le colonel Munro se croisait les bras. Puis :

« Banks, dit-il simplement, c'est à toi de nous tirer de là !

— Oui, Munro, répondit l'ingénieur, et puisque nous n'avons aucun moyen d'éteindre cet incendie, il faut le fuir !

— A pied ? m'écriai-je.

— Non, avec notre train.

— Et le capitaine Hod, et ses compagnons ? dit Mac Neil.

— Nous ne pouvons rien pour eux ! S'ils ne sont pas de retour avant notre départ, nous partirons quand même !

— Il ne faut pas les abandonner ! dit le colonel.

— Munro, répondit Banks, lorsque le train sera en

sûreté, hors des atteintes du feu, nous reviendrons et nous battrons la forêt jusqu'à ce que nous les ayons retrouvés !

— Fais donc, Banks, répondit le colonel Munro, qui dut se rendre à l'avis de l'ingénieur, en réalité le seul à suivre.

— Storr, dit Banks, à ta machine ! Kâlouth, à ta chaudière, et pousse les feux ! — Quelle pression au manomètre ?

— Deux atmosphères, répondit le mécanicien.

— Il faut que, dans dix minutes, nous en ayons quatre ! Allez ! mes amis, allez ! »

Le mécanicien et le chauffeur ne perdirent pas un instant. Bientôt des torrents de fumée noire jaillirent de la trompe de l'éléphant et se mêlèrent aux torrents de pluie, que le géant semblait braver. Aux éclairs qui embrasaient l'espace, il répondait par des tourbillons d'étincelles. Un jet de vapeur sifflait dans la cheminée, et le tirage artificiel activait la combustion du bois que Kâlouth entassait dans son fourneau.

Sir Edward Munro, Banks et moi, nous étions restés sous la vérandah d'arrière, observant les progrès de l'incendie à travers la forêt. Ils étaient rapides et effrayants. Les grands arbres s'effondraient dans cet immense foyer, les branches crépitaient comme des coups de revolver, les lianes se tordaient d'un tronc à l'autre, le feu se communiquait presque immédiatement à des foyers nouveaux. En cinq minutes, l'embrasement avait gagné cinquante mètres en avant, et les flammes, échevelées, on pourrait dire haillonnées par la rafale, s'élevaient à une telle hauteur, que les éclairs les sillonnaient en tous sens.

« Il faut que dans cinq minutes nous ayons quitté la place ! dit Banks, ou tout prendra feu !

— Il va vite, cet incendie ! répondis-je.

— Nous irons plus vite que lui !

— Si Hod était là, si ses compagnons étaient de retour ! dit sir Edward Munro.

— Des coups de sifflet ! des coups de sifflet ! s'écria Banks. Ils les entendront peut-être ! »

Et, se précipitant vers la tourelle, il fit aussitôt retentir l'air de sons aigus, qui tranchaient sur les roulements profonds de la foudre, et devaient porter loin.

On peut se figurer cette situation, on ne saurait la dépeindre.

D'une part, nécessité de fuir au plus vite ; de l'autre, obligation d'attendre ceux qui n'étaient pas de retour !

Banks était revenu sous la vérandah de l'arrière.

La lisière de l'incendie se développait maintenant à moins de cinquante pieds de Steam-House. Une insoutenable chaleur se propageait, et l'air brûlant deviendrait bientôt irrespirable. De nombreuses flammèches tombaient déjà jusque sur notre train. Très heureusement, les torrentielles averses le protégeaient dans une certaine mesure, mais elles ne pourraient évidemment pas le défendre de l'attaque directe du feu.

La machine lançait toujours ses sifflets stridents. Ni Hod, ni Fox, ni Goûmi, ne reparaissaient.

En ce moment, le mécanicien rejoignit Banks.

« Nous sommes en pression, dit-il.

— Eh bien, en route, Storr! répondit Banks, mais pas trop vite!... Ce qu'il faut seulement pour nous tenir hors de portée de l'incendie!

— Attends, Banks, attends! dit le colonel Munro, qui ne pouvait se décider à quitter le campement.

— Encore trois minutes, Munro, répondit froidement Banks, mais pas davantage. Dans trois minutes, l'arrière du train commencera à prendre feu! »

Deux minutes s'écoulèrent. Il était maintenant impossible de rester sous la vérandah. La main même ne pouvait se poser sur les tôles brûlantes qui commençaient à se gondoler. Demeurer quelques instants de plus, c'était de la dernière imprudence!

« En route, Storr! cria Banks.

— Ah! s'écria le sergent.

— Eux!... » dis-je.

Le capitaine Hod et Fox apparaissaient sur la droite de la route. Ils portaient dans leurs bras Goûmi, comme un corps inerte, et ils arrivèrent au marche-pied de l'arrière.

« Mort! s'écria Banks.

— Non, frappé de la foudre, qui a brisé son fusil dans sa main, répondit le capitaine Hod, et paralysé seulement de la jambe gauche!

— Dieu soit loué! dit le colonel Munro.

— Merci, Banks! ajouta le capitaine. Sans vos coups de sifflet, nous n'aurions pu retrouver le campement!

— En route! s'écria Banks, en route! »

Hod et Fox s'étaient jetés dans le train, et Goûmi, qui n'avait pas perdu l'usage de ses sens, fut déposé dans sa cabine.

« Quelle pression avons-nous? demanda Banks, qui venait de rejoindre le mécanicien.

— Près de cinq atmosphères, » répondit Storr.

— En route! » répéta Banks.

Il était dix heures et demie. Banks et Storr allèrent se placer dans la tourelle. Le régulateur fut ouvert, la vapeur se précipita dans les cylindres, les premiers hennissements se firent entendre, et le train s'avança à petite vitesse, au milieu de cette triple intensité de lumière, produite par l'incendie de la forêt, les feux électriques des fanaux, les fulgurations du ciel.

En quelques mots, le capitaine Hod nous raconta ce qui s'était passé pendant son excursion. Ses compagnons et lui n'avaient rencontré aucune trace d'animaux. Avec l'orage qui montait, l'obscurité se fit plus rapidement et surtout plus profondément qu'ils ne le pensaient. Ils furent donc surpris par le premier coup de tonnerre, lorsqu'ils se trouvaient déjà à plus de trois milles du campement. Alors ils voulurent revenir sur leurs pas; mais, quoi qu'ils fissent pour s'orienter, ils ne tardèrent pas à se perdre au milieu de ces groupes de banians qui se ressemblent, et sans qu'aucun sentier leur indiquât la direction à suivre.

L'orage éclata bientôt avec une extrême violence. A ce moment, tous trois se trouvaient hors de portée des feux électriques. Ils ne purent donc se diriger en droite ligne vers Steam-House. La grêle et la pluie tombaient à torrents. D'abris, point, si ce n'est l'insuffisant dôme des arbres, qui ne tarda pas à être criblé.

Soudain, un coup de tonnerre éclata dans un

éclair intense. Goûmi tomba foudroyé près du capitaine Hod, aux pieds de Fox. Du fusil qu'il tenait à la main il ne restait plus que la crosse. Canon, batterie, sous-garde, il avait été instantanément dépouillé de tout ce qui était métal.

Ses compagnons le crurent mort. Il n'en était rien, heureusement; mais sa jambe gauche, bien qu'elle n'eût pas été directement atteinte par le fluide, était paralysée. Impossible au pauvre Goûmi de faire un pas. Il fallait donc le porter. En vain demanda-t-il qu'on le laissât, quitte à venir le reprendre plus tard. Ses compagnons n'y voulurent pas consentir, et, l'un le tenant par les épaules, l'autre par les pieds, ils s'aventurèrent tant bien que mal au milieu de l'obscure forêt.

Pendant deux heures, Hod et Fox errèrent au hasard, hésitant, s'arrêtant, reprenant leur marche, sans aucun point de repère qui pût leur indiquer la direction de Steam-House.

Heureusement, enfin, les coups de sifflet, plus perceptibles que n'eussent été des coups de fusil au milieu de ce fracas des éléments, retentirent dans la rafale. C'était la voix du Géant d'Acier.

Un quart d'heure après, tous trois arrivaient au moment où le lieu de halte allait être abandonné. Il n'était que temps!

Cependant, si le train courait sur la route large et unie de la forêt, l'incendie marchait aussi vite que lui. Ce qui rendait le danger plus menaçant, c'est que le vent avait varié, ainsi qu'il fait fréquemment pendant ces météores troublants des orages. Au lieu de souffler de flanc, il soufflait maintenant de l'arrière, et, par sa violence, activait tout cet embrasement, comme un ventilateur qui sature un foyer d'oxygène. Le feu gagnait visiblement. Les branches en ignition, les flammèches ardentes pleuvaient au milieu d'un nuage de cendres chaudes, soulevées du sol, comme si quelque cratère eût vomi dans l'espace des matières éruptives. Et véritablement, on ne pouvait mieux comparer cet incendie qu'à la marche d'un fleuve de lave, se déroulant à travers la campagne et dévorant tout sur son passage.

Banks vit cela. Il ne l'eût pas vu qu'il l'aurait senti au souffle torréfiant qui passait dans l'atmosphère.

La marche fut donc hâtée, bien qu'il y eût quelque danger à le faire sur ce chemin inconnu. Mais la route, alors envahie par les eaux du ciel, était si profondément ravinée, que la machine ne put être poussée autant que l'ingénieur l'aurait voulu.

Vers onze heures et demie, nouvel éclat de tonnerre, qui fut terrible, nouveau coup de foudre! Un cri nous échappa. Nous crûmes que Banks et Storr avaient été foudroyés tous deux dans la tourelle d'où ils dirigeaient la marche du train.

Ce malheur nous avait été épargné. C'était notre éléphant qui venait d'être frappé par la décharge électrique à la pointe de l'une de ses longues oreilles pendantes.

Il n'en était résulté, heureusement, aucun dommage pour la machine, et il sembla que le Géant d'Acier voulût répondre aux coups de l'orage par ses hennissements plus précipités.

« Hurrah! cria le capitaine Hod, hurrah! Un éléphant d'os et de chair serait tombé sur le coup! Toi, tu braves la foudre, et rien ne peut t'arrêter! Hurrah! Géant d'Acier, hurrah! »

Pendant une demi-heure encore, le train maintint sa distance. Dans la crainte de heurter trop violemment quelque obstacle, Banks ne le lançait qu'à la vitesse nécessaire pour ne pas être atteint par le feu.

De la vérandah où le colonel Munro, Hod et moi avions pris place, nous voyions passer de grandes ombres, qui bondissaient dans les projections lumineuses de l'incendie et des éclairs. C'étaient enfin des fauves!

Par précaution, le capitaine Hod saisit son fusil, car il était possible que ces bêtes effarées voulussent se jeter sur le train pour y chercher un abri ou un refuge.

Et, en effet, un énorme tigre le tenta; mais, en s'élançant d'un bond prodigieux, il fut pris par le cou entre deux rejetons de banians. L'arbre principal, se courbant alors sous la tempête, tendit ses rejetons comme deux immenses cordes, qui étranglèrent l'animal.

« Pauvre bête! dit Fox.

— Ces fauves-là, répondit le capitaine Hod indigné, c'est fait pour être tué par une honnête balle de carabine! Oui! pauvre bête! »

Vraiment, c'était bien là sa mauvaise chance, au capitaine Hod! Lorsqu'il cherchait des tigres, il n'en voyait pas, et, lorsqu'il ne les cherchait plus, ils lui passaient au vol, sans qu'il pût les tirer, ou ils s'étranglaient comme une souris dans les fils d'une souricière!

A une heure du matin, le danger, si grand qu'il eût été jusque-là, redoubla encore.

Sous l'influence de ces vents affolés, qui sautaient à tous les points du compas, l'incendie avait gagné l'avant de la route, et, maintenant, nous étions absolument cernés.

Cependant, l'orage avait beaucoup diminué de violence, ainsi que cela arrive presque invariablement, lorsque ces météores passent au-dessus d'une forêt, dont les arbres soutirent et épuisent peu à peu la matière électrique. Mais si les éclairs étaient plus rares, les coups de tonnerre plus espacés, si la pluie tombait avec moins de force, le vent courait toujours à la surface du sol avec une incroyable fureur.

Coûte que coûte, il fallut presser la marche du train, au risque de le heurter contre un obstacle, ou de le précipiter dans quelque large fondrière.

C'est ce que fit Banks, mais il le fit avec un sang-froid étonnant, les yeux collés aux verres lenticulaires de la tourelle, la main sur le régulateur, qu'elle ne quittait plus.

La route semblait encore être à demi ouverte entre deux haies de feu. Donc, nécessité de passer entre ces deux haies.

Banks s'y lança résolument avec une vitesse de six à sept milles à l'heure.

Je crus que nous y resterions, surtout lorsqu'il fallut franchir un endroit très restreint de la fournaise pendant un espace de cinquante mètres. Les roues du train crièrent sur les charbons ardents qui jonchaient le sol, et une atmosphère brûlante l'enveloppa tout entier!...

Nous avions passé!

Enfin, à deux heures du matin, l'extrême lisière

du bois apparut dans la lueur des rares éclairs. Derrière nous se développait un vaste panorama de flammes. L'incendie ne devait s'éteindre qu'après avoir dévoré jusqu'au dernier banian de l'immense forêt.

Au jour, le train s'arrêta enfin ; l'orage s'était entièrement dissipé, et l'on disposa un campement provisoire.

Notre éléphant, qui fut visité avec soin, avait la pointe de l'oreille droite percée de plusieurs trous, dont les rebarbes s'infléchissaient en directions inverses.

Certes, sous un tel coup de foudre, tout autre animal qu'un animal d'acier fût tombé pour ne plus se relever, et l'incendie eût rapidement dévoré le train en détresse !

A six heures du matin, après un repos très sommaire, la route était reprise, et, à midi, nous venions camper aux environs de Rewah.

CHAPITRE XIII

PROUESSES DU CAPITAINE HOD

La demi-journée du 5 juin et la nuit suivante furent tranquillement passées au campement. Après tant de fatigues, accrues de tant de dangers, ce repos nous était bien dû.

Ce n'était plus le royaume d'Oude qui développait maintenant ses riches plaines devant nos pas. Steam-House courait alors à travers ce territoire, fertile encore, mais coupé de « nullahs », ou ravins, qui forme le Rohilkhande. Bareilli est la capitale de ce vaste carré de cent cinquante-cinq milles de côtes, très arrosé par les nombreux affluents ou sous-affluents de la Cogra, planté çà et là de groupes de magnifiques manguiers, semé d'épaisses jungles, qui tendent à disparaître devant la culture.

Là fut le centre de l'insurrection, après la prise de

Delhi; là se fit une des campagnes de sir Colin Campbell; là, la colonne du brigadier Walpole ne fut pas heureuse à ses débuts; là périt un ami de sir Edward Munro, le colonel du 93e écossais, qui s'était distingué aux deux assauts de Lucknow dans l'affaire du 14 avril.

Étant donnée la constitution de ce territoire, aucun autre n'eût été plus favorable à la marche de notre train. Belles routes, très également nivelées, cours d'eau faciles à franchir entre les deux artères plus importantes qui descendent du nord, tout concourait à rendre facile cette partie de l'itinéraire. Il ne nous restait plus que quelques centaines de kilomètres à parcourir, avant de sentir ces premiers exhaussements du sol, qui relient la plaine aux montagnes du Népaul.

Seulement, il fallait maintenant compter très sérieusement avec la saison des pluies.

La mousson qui règne du nord-est au sud-ouest pendant les premiers mois de l'année, venait d'être renversée. La période pluvieuse est plus violente sur le littoral qu'à l'intérieur de la péninsule, et un peu plus tardive aussi. Cela tient à ce que les nuages s'épuisent avant d'atteindre le centre de l'Inde. En outre, leur direction est quelque peu modifiée par la barrière des hautes montagnes, qui forme comme une espèce de remous atmosphérique. Sur la côte de Malabar, la mousson commence au mois de mai ; au milieu des provinces centrales et septentrionales, elle ne se fait sentir que quelques semaines plus tard, au mois de juin.

Or, nous étions en juin, et c'est dans ces circonstances particulières, mais prévues, que notre voyage allait désormais s'effectuer.

Je dois dire, tout d'abord, que, dès le lendemain, notre brave Goûmi, si malencontreusement désarmé par la foudre, alla mieux. Cette paralysie de sa jambe gauche ne fut que temporaire. Il n'en conserva aucune trace, mais il me sembla garder rancune au feu du ciel.

Pendant les deux journées des 6 et 7 juin, le capitaine Hod fit meilleure chasse avec l'aide de Phann et de Black. Il put tuer une couple de ces antilopes appelées « nilgaus » dans le pays. Ce sont les bœufs bleus des Indous, qu'il serait plus juste d'appeler cerfs, puisqu'ils ressemblent plus aux cerfs qu'aux congénères du dieu Apis. Il faudrait même les nommer cerfs gris-perle, et leur couleur rappelle assurément mieux la couleur du ciel orageux que celle du ciel azuré. On assure cependant que, chez quelques-unes de ces magnifiques bêtes, à petites cornes acérées et droites, à tête longue et légèrement bombée, la robe devient presque bleue, — teinte que la nature semble avoir invariablement refusée aux quadrupèdes, même au renard bleu, dont la fourrure est plutôt noire.

Ce n'étaient pas encore les carnassiers que rêvait le capitaine Hod. Cependant, le nilgau, s'il n'est pas féroce, n'en est pas moins dangereux, quand, blessé légèrement, il revient sur le chasseur. Une première balle du capitaine, une seconde de Fox, arrêtèrent net dans leur élan ces deux superbes animaux. Ils furent tués comme au vol. Aussi, pour Fox, n'était-ce que du gibier de plume!

Monsieur Parazard, lui, fut d'une tout autre opinion, et les excellents cuissots, rôtis à point, qu'il nous servit le jour même, nous rangèrent à son avis.

Le 8 juin, dès l'aube, nous quittions notre campement, qui avait été établi près d'un petit village du Rohilkhande. Nous l'avions atteint la veille au soir, après avoir franchi les quarante kilomètres qui le séparent de Rewah. Notre train n'avait donc marché qu'avec une vitesse très modérée sur un sol que les pluies continuaient à détremper. En outre, les ruisseaux commençaient à se gonfler, et plusieurs gués nous causèrent un retard de quelques heures. Mais, après tout, nous n'étions pas à un ou deux jours près. Cette région montagneuse, où nous comptions installer Steam-House pendant plusieurs mois de la saison d'été, comme au milieu d'un sanitarium, nous étions assurés de l'atteindre avant la fin de juin. Donc, nulle inquiétude à cet égard.

Pendant cette journée du 8, le capitaine Hod eut à regretter un beau coup de fusil.

Le chemin était bordé d'épaisses jungles de bambous, comme il s'en rencontre fréquemment autour de ces villages, qui semblent bâtis dans des corbeilles de fleurs. Ce n'était pas encore la jungle véritable, celle qui, au sens indou, s'applique à la plaine âpre, nue, stérile, que dominent des lignes de buissons grisâtres. Nous étions, au contraire, en pays cultivé, au milieu d'un fertile territoire, que parquetaient le plus ordinairement des rizières marécageuses.

Le Géant d'Acier s'en allait tranquillement, dirigé par la main de Storr, lançant ses jolis panaches de vapeur, que le vent éparpillait sur les bambous de la route.

Tout à coup, un animal bondit avec une agilité surprenante et se jeta sur le cou de notre éléphant.

« Un tchîta, un tchîta ! » s'écria le mécanicien.

A ce cri, le capitaine Hod s'élança sur le balcon antérieur, et saisit son fusil, toujours prêt et toujours là.

« Un tchîta ! s'écria-t-il à son tour.

— Tirez-le donc ! m'écriai-je.

— J'ai le temps ! » répondit le capitaine Hod, qui se contenta de tenir l'animal en joue.

Le tchîta est une sorte de léopard particulier aux Indes, moins grand que le tigre, mais presque aussi redoutable, tant il est vif, souple d'échine, robuste de membres.

Le colonel Munro, Banks et moi, debout sous la verandah, nous l'observions, attendant le coup de fusil du capitaine.

Évidemment, ce léopard avait été trompé à la vue de notre éléphant. Il s'était hardiment précipité sur lui ; mais là où il croyait trouver une chair vivante, dans laquelle il pût enfoncer ses dents ou ses griffes, c'était une chair de tôle que ni ses griffes ni ses dents ne pouvaient entamer. Furieux de sa déconvenue, il se cramponnait aux longues oreilles du faux animal, et il allait l'abandonner sans doute, lorsqu'il nous aperçut.

Le capitaine Hod le tenait toujours au bout de son fusil, comme un chasseur, sûr de son coup, qui ne veut frapper la bête qu'au bon moment et au bon endroit.

Le tchîta se redressa, rugissant. Sans doute, il sentit le danger, mais il ne sembla pas vouloir le fuir. Peut-être cherchait-il le moment favorable pour s'élancer sur la vérandah.

En effet, nous le vîmes bientôt grimper à la tête de l'éléphant, embrasser de ses pattes la trompe qui servait de cheminée, puis monter presque à son orifice, d'où s'échappaient les jets de vapeur.

« Tirez donc, Hod ! dis-je encore.

— J'ai le temps, » répondit le capitaine.

Puis, s'adressant à moi, sans toutefois perdre de vue le léopard, qui nous regardait :

« Vous n'avez jamais tué de tchîta, Maucler ? me demanda-t-il.

— Jamais.

— Voulez-vous en tuer un ?

— Capitaine, répondis-je, je ne veux pas vous priver de ce coup magnifique...

— Peuh ! fit Hod, ce n'est pas là un coup de chasseur ! Prenez un fusil, ajustez-moi cette bête-là au défaut de l'épaule ! Si vous la manquez, je la rattraperai au vol !

— Soit. »

Fox, qui était venu nous rejoindre, me passa une carabine double qu'il tenait à la main. Je la pris, je l'armai, j'ajustai au défaut de l'épaule le léopard toujours immobile, et je tirai.

L'animal, blessé, mais légèrement, fit un bond

énorme, et, passant par-dessus la tourelle du mécanicien, il vint tomber sur le premier toit de Steam-House.

Le capitaine Hod, si bon chasseur qu'il fût, n'avait pas eu le temps de le saisir au passage...

« A nous, Fox, à nous ! » s'écria-t-il.

Et tous deux, s'élançant hors de la vérandah, allèrent se poster dans la tourelle.

Le léopard, qui allait et venait, s'élança sur le second toit, après avoir franchi la passerelle d'un bond.

Au moment où le capitaine allait faire feu, un autre bond emporta l'animal, qui se précipita sur le sol, se releva d'un vigoureux élan, et disparut dans la jungle.

« Stope ! stope ! » cria vivement Banks au mécanicien, qui, fermant l'introduction de la vapeur, cala instantanément les roues du train tout entier avec le frein atmosphérique.

Le capitaine et Fox sautèrent sur la route, et s'élancèrent dans le fourré afin d'atteindre le tchîta.

Quelques minutes se passèrent. Nous écoutions, non sans une certaine impatience. Aucun coup de fusil ne se fit entendre. Les deux chasseurs revinrent les mains vides.

« Disparu ! envolé ! s'écria le capitaine Hod, et pas même une trace de sang sur les herbes !

— C'est ma faute ! dis-je au capitaine. Vous auriez mieux fait de tirer ce tchîta à ma place ! Il n'aurait pas été manqué !

— Bon ! vous l'avez touché, répondit Hod, j'en suis sûr, mais pas au bon endroit !

— Ce n'est pas celui-là, mon capitaine, qui fera mon trente-huitième ni votre quarante et unième ! dit Fox, assez décontenancé.

— Bah ! fit Hod, avec un ton d'insouciance un peu affecté, un tchîta n'est point un tigre ! Sans cela, mon cher Maucler, je n'aurais pu prendre sur moi de vous céder ce coup de fusil !

— A table, mes amis, dit alors le colonel Munro. Le déjeuner nous attend et vous consolera...

— D'autant mieux, dit Mac Neil, que tout cela c'est la faute à Fox !

— Ma faute ? répondit le brosseur, très interloqué par cette observation inattendue.

— Sans doute, Fox, reprit le sergent. La carabine que tu as remise à monsieur Maucler n'était chargée qu'avec du six ! »

Et Mac Neil montrait la seconde cartouche qu'il venait de retirer de l'arme dont je m'étais servi. Elle ne contenait effectivement que du plomb à perdreaux.

« Fox ! dit le capitaine Hod.

— Mon capitaine ?

— Deux jours de salle de police !

— Oui, mon capitaine ! »

Et Fox s'en alla dans sa cabine, résolu à ne pas reparaître devant nous avant quarante-huit heures. Il était tout honteux de son erreur et voulait cacher sa honte.

Le lendemain, 9 juin, le capitaine Hod, Goûmi et moi, nous allâmes battre la plaine au long de la route, pendant la demi-journée de halte que Banks venait d'accorder. Il avait plu pendant toute la matinée ; mais, vers midi, le ciel s'était un peu rasséréné, et l'on pouvait compter sur une éclaircie de quelques heures.

Du reste, ce n'était pas Hod, le chasseur de fauves, qui m'emmenait cette fois, c'était le chasseur de gibier. Dans l'intérêt de la table, il allait tranquillement flâner sur le bord des rizières, en compagnie de Black et de Phann. Monsieur Parazard avait fait savoir au capitaine que l'office était vide, et il attendait de Son Honneur que Son Honneur voulût bien « prendre les mesures nécessaires » pour le remplir.

Le capitaine Hod se résigna, et nous partîmes, armés de simples fusils de chasse. Pendant deux heures, notre battue n'eut d'autre résultat que de faire envoler quelques perdrix ou lever quelques lièvres, mais à de telles distances, que, malgré le bon vouloir de nos chiens, il fallut renoncer à tout espoir de les atteindre.

Aussi le capitaine Hod était-il de fort mauvaise humeur. D'ailleurs, au milieu de cette vaste plaine, sans jungles, sans taillis, semée de villages et de fermes, il ne pouvait compter sur la rencontre d'un carnassier quelconque, qui l'eût dédommagé du léopard manqué de la veille. Il n'était venu là qu'en qualité de pourvoyeur, et songeait à la réception que lui ferait monsieur Parazard s'il rentrait le carnier vide.

Ce n'était pas notre faute, cependant. A quatre heures, nous n'avions pas eu l'occasion de tirer un seul coup de fusil. Il ventait sec, et, je l'ai dit, tout le gibier se levait hors de portée.

« Mon cher ami, me dit alors le capitaine Hod, décidément, ça ne va pas! En quittant Calcutta, je vous ai promis des chasses superbes, et une mauvaise chance, une fatalité persistante, à laquelle je ne comprends rien, m'empêche de tenir ma promesse!

— Bon! mon capitaine, répondis-je, il ne faut pas désespérer. Si j'éprouve quelque regret, c'est moins pour moi que pour vous!... Nous nous rattraperons, d'ailleurs, dans les montagnes du Népaul!

— Oui, dit le capitaine Hod, là, sur ces premières rampes de l'Himalaya, les conditions seront meilleures pour opérer. Voyez-vous, Maucler, je parierais que notre train, avec tout son attirail, les mugissements de sa vapeur, et surtout son éléphant gigantesque, effraye ces damnés fauves, plus encore que ne les effrayerait un train de chemin de fer, et ce sera ainsi tant qu'il sera en marche! Au repos, il faut l'espérer, nous serons plus heureux. En vérité! ce léopard était un fou! Il fallait qu'il mourût de faim pour se jeter sur notre Géant d'Acier, et il était digne d'être tué raide d'une bonne balle de calibre! Satané Fox! je n'oublierai jamais ce qu'il a fait là! — Quelle heure est-il maintenant?

— Il est près de cinq heures!

— Cinq heures déjà, et nous n'avons pas encore pu brûler une seule cartouche!

— On ne nous attend qu'à sept heures au campement. Peut-être d'ici là!...

— Non! La chance est contre nous, s'écria le capitaine Hod, et, voyez-vous, la chance, cela fait la moitié du succès!

— La persévérance aussi, répondis-je. Eh bien, convenons, capitaine, que nous ne rentrerons pas les mains vides! Cela vous va-t-il?

— Si cela me va! s'écria Hod. Meure qui se dédit!

— Entendu.

— Voyez-vous, Maucler, je rapporterais un mulot ou un écureuil plutôt que de revenir bredouille! »

Le capitaine Hod, Goûmi et moi, nous étions dans cette disposition d'esprit où tout est de bonne guerre. La chasse fut donc continuée avec un entêtement digne d'un meilleur sort; mais il semblait que les plus inoffensifs oiseaux eussent deviné nos intentions hostiles. Impossible de pouvoir en approcher un seul.

Nous allions ainsi entre les rizières, battant tantôt un côté de la route, tantôt l'autre, revenant sur nos pas, afin de ne pas trop nous éloigner du campement. Peine inutile. A six heures et demie du soir, les cartouches de nos fusils étaient encore intactes. Nous aurions pu venir là une canne à la main. Le résultat eût été le même.

Je regardais le capitaine Hod. Il marchait, les dents serrées. Sur son front, un gros pli, profondément creusé entre les deux sourcils, annonçait une rage sourde. Il marmottait entre ses lèvres pincées je ne sais quelles vaines menaces contre tout être vivant de plume ou de poil, dont il n'apparaissait pas un seul échantillon sur cette plaine. Évidemment, il en arriverait à décharger son fusil contre un objet quelconque, arbre ou rocher, — une façon cynégétique de passer sa colère. Son arme lui brûlait les doigts. Cela se voyait. Il la jetait sur son bras, il la rejetait en bandoulière, il l'épaulait, comme malgré lui.

Goûmi le regardait.

« Le capitaine deviendra enragé, si cela continue! me dit-il, en secouant la tête.

— Oui, répondis-je, et je payerais bien trente shillings le plus modeste des pigeons domestiques qu'une main charitable lui lancerait à bonne portée! Ça le calmerait! »

Mais, ni pour trente shillings, ni pour le double, ni pour le triple, on n'eût pu, à cette heure, se procurer le moins coûteux et le plus vulgaire des gibiers. La campagne était déserte alors, et nous n'apercevions plus ni ferme ni village.

En vérité, je crois que si cela eût été possible, j'aurais envoyé Goûmi acheter à tout prix un volatile quelconque, fût-ce un poulet déplumé, pour le livrer en représailles aux coups de notre dépité capitaine!

La nuit approchait, cependant. Avant une heure, il ne ferait plus assez jour pour qu'il fût possible de continuer cette infructueuse expédition. Bien que nous fussions convenus de ne point reparaître au campement la carnassière vide, nous y serions pourtant bien obligés, à moins de passer la nuit dans la plaine. Mais, sans compter que cette nuit menaçait d'être pluvieuse, le colonel Munro et Banks, ne nous voyant pas revenir, auraient été dans une inquiétude qu'il fallait leur épargner.

Le capitaine Hod, l'œil démesurément ouvert, jetant son regard de gauche à droite et de droite à gauche avec la prestesse d'un oiseau, marchait à dix pas en avant, et dans une direction qui ne nous rapprochait pas positivement de Steam-House.

J'allais presser le pas et le rejoindre pour lui dire de renoncer enfin à lutter contre la mauvaise chance, lorsqu'un fort bruit d'ailes se fit entendre sur ma droite. Je regardai.

Une masse blanchâtre s'élevait lentement au-dessus d'un fourré.

Vivement, sans laisser au capitaine Hod le temps de se retourner, j'épaulai mon fusil, et mes deux coups partirent successivement.

Le volatile inconnu que je venais de tirer s'abattit lourdement sur le bord d'une rizière.

Phann s'élança d'un bond, s'empara du gibier que je venais d'abattre, et le rapporta au capitaine.

« Enfin ! s'écria Hod, si monsieur Parazard n'est pas content, qu'il se précipite dans sa marmite, la tête la première !

— Mais, au moins, est-ce un gibier qui se mange? demandai-je.

— Certainement... à défaut d'autre! répliqua le capitaine.

— Très heureusement, personne ne vous a vu, monsieur Maucler! me dit Goûmi.

— Qu'ai-je donc fait de répréhensible?

— Eh! vous avez tué un paon, et il est défendu de tuer les paons, qui sont des oiseaux sacrés dans toute l'Inde.

— Le diable emporte les oiseaux sacrés et ceux qui les consacrent! s'écria le capitaine Hod. Celui-ci est tué, on le mangera... dévotement, si vous voulez, mais on le mangera! »

En effet, dans ce pays des brahmanes, depuis l'expédition d'Alexandre, époque à laquelle il se répandit dans la péninsule, le paon est un animal sacré entre tous. Les Indous en ont fait l'emblème de la déesse Saravasti, qui préside aux naissances et aux mariages. Il est défendu de détruire ce volatile sous des peines que la loi anglaise a confirmées.

Cet échantillon des gallinacées, qui faisait la joie du capitaine Hod, était magnifique, avec ses ailes vert foncé aux reflets métalliques, que bordait un liseré d'or. Sa queue, bien fournie et finement ocellée, formait un superbe éventail de barbes soyeuses.

« En route! en route! dit le capitaine. Demain, monsieur Parazard nous fera manger du paon, quoi qu'en puissent penser tous les brahmanes de l'Inde! Si le paon n'est, en somme, qu'un poulet prétentieux, celui-ci, avec ses plumes artistement relevées, fera bon effet sur notre table!

— Enfin, vous voilà satisfait, mon capitaine?

— Satisfait... de vous, oui, mon cher ami, mais pas content de moi du tout! Ma mauvaise chance n'est pas encore passée, et il faudra bien qu'elle se passe! En route! »

Nous voilà donc, revenant sur nos pas du côté du campement, dont nous devions être éloignés de trois milles environ. Sur la route qui traçait son sinueux lacet à travers les épaisses jungles de bambous, nous marchions l'un près de l'autre, le capitaine Hod et moi. Goûmi, portant notre gibier, était à deux ou trois pas en arrière. Le soleil n'avait pas encore disparu, mais de gros nuages le voilaient, et il fallait chercher son chemin dans une demi-obscurité.

Tout à coup, un formidable rugissement éclata dans un fourré à droite. Ce rugissement me parut si redoutable, que je m'arrêtai brusquement, comme malgré moi.

Le capitaine Hod me saisit la main.

« Un tigre ! » dit-il.

Puis, un juron lui échappa.

« Tonnerre des Indes ! s'écria-t-il, il n'y a que du plomb à perdreaux dans nos fusils ! »

Ce n'était que trop vrai, et ni Hod, ni Goûmi, ni moi, nous n'avions de cartouches à balle !

D'ailleurs, nous n'aurions pas eu le temps de recharger nos armes. Dix secondes après avoir poussé son rugissement, l'animal s'élançait hors du fourré et retombait d'un seul bond à vingt pas sur la route.

C'était un magnifique tigre, de cette espèce que les Indous appellent les mangeurs d'hommes, « cater men », féroces carnassiers, dont les victimes se comptent annuellement par centaines.

La situation était terrible.

Je regardais le tigre, je le dévorais des yeux, mon fusil tremblant dans ma main, je l'avoue. Il mesurait neuf à dix pieds de longueur, robe couleur orange, zébrée de rayures blanches et noires.

Il nous regardait aussi. Son œil de chat flamboyait dans la demi-ombre. Sa queue balayait fébrilement le sol. Il se rasait et se ramassait comme pour s'élancer.

Hod n'avait rien perdu de son sang-froid. Il tenait

l'animal en joue, et murmurait avec un accent impossible à rendre :

« Du six! Foudroyer un tigre avec du six! Si je ne le tire pas à bout portant, dans les yeux, nous sommes... »

Le capitaine ne put achever. Le tigre s'avançait, non par bonds, mais à petits pas.

Goûmi, accroupi en arrière, le visait aussi, mais son fusil ne contenait que du petit plomb. Quant au mien, il n'était même plus chargé.

Je voulus prendre une cartouche dans ma cartouchière.

« Pas un mouvement! me souffla le capitaine à voix basse. Le tigre bondirait, et il ne faut pas qu'il bondisse! »

Tous trois nous restions donc sans bouger.

Le tigre avançait lentement. Sa tête, qu'il balançait tout à l'heure, ne remuait plus. Ses yeux regardaient fixement, mais comme en dessous. De sa vaste mâchoire entr'ouverte, baissée au ras du sol, il semblait en aspirer les émanations.

Bientôt, la formidable bête ne fut plus qu'à dix pas du capitaine.

Hod, bien campé sur ses jambes, immobile comme une statue, concentrait toute sa vie dans son regard. L'effroyable lutte qui se préparait, dont nul de nous n'allait peut-être sortir vivant, ne lui faisait même pas battre plus rapidement le cœur !

Je crus, en ce moment, que le tigre allait enfin bondir.

Il fit cinq pas encore. J'eus besoin de toute mon énergie pour ne pas crier au capitaine Hod :

« Mais tirez donc ! tirez donc ! »

Non ! Le capitaine l'avait dit, — et c'était évidemment le seul moyen de salut, — il voulait brûler les yeux à l'animal ; mais, pour cela, il fallait ne le tirer qu'à bout portant.

Le tigre fit encore trois pas et se redressa pour s'élancer...

Une violente détonation retentit, qui fut presque aussitôt suivie d'une seconde.

Cette seconde détonation s'était produite dans le corps même de l'animal, qui, après trois ou quatre soubresauts et des rugissements de douleur, retomba inanimé sur le sol.

« Prodige ! s'écria le capitaine Hod. Mon fusil était donc chargé à balle ! et à balle explosible ! Ah ! cette fois, merci, Fox, merci !

— Est-il possible ! m'écriai-je.

— Voyez ! »

Et, rabattant son arme, le capitaine Hod en retira la cartouche du canon de gauche.

C'était une cartouche à balle.

Tout s'expliquait.

Le capitaine Hod avait une carabine double et un fusil double, tous les deux du même calibre. Or, en même temps que Fox, par erreur, avait chargé la carabine avec les cartouches à plomb de chasse, il avait chargé le fusil de chasse avec les cartouches à balle explosive. Et si, la veille, cette erreur avait sauvé la vie au léopard, aujourd'hui elle nons l'avait sauvée!

« Oui, répondit le capitaine Hod, et jamais je ne me suis trouvé plus près de la mort! »

Une demi-heure après, nous étions de retour au campement. Hod faisait venir Fox devant lui, et racontait ce qui s'était passé.

— Mon capitaine, repondit le brosseur, cela prouve qu'au lieu de deux jours de consigne, j'en mérite quatre, puisque je me suis trompé deux fois!

— C'est mon avis, répondit le capitaine Hod; mais puisque ton erreur m'a valu le quarante et unième, c'est aussi mon avis de t'offrir cette guinée....

— Comme le mien est de la prendre, » répondit Fox, qui empocha la pièce d'or.

Tels furent les incidents qui marquèrent la première rencontre du capitaine Hod et de son quarante et unième tigre.

Le 12 juin au soir, notre train faisait halte près d'une bourgade peu importante, et, le lendemain, nous repartions pour franchir les cent cinquante kilomètres qui nous séparaient encore des montagnes du Népaul.

CHAPITRE XIV

UN CONTRE TROIS

Quelques jours encore, et nous allions enfin gravir les premières rampes de ces régions septentrionales de l'Inde, qui, d'étage en étage, de collines en collines, de montagnes en montagnes, vont atteindre les plus hautes altitudes du globe. Jusqu'alors, le sol n'avait subi qu'une dénivellation insensible, sa déclivité ne s'accusait que légèrement, et notre Géant d'Acier ne semblait même pas s'en apercevoir.

Le temps était orageux, pluvieux surtout, mais la température se maintenait à une moyenne supportable. Les chemins n'étaient pas encore mauvais et résistaient bien aux larges jantes des roues du train, si pesant qu'il fût. Lorsque quelque ornière les ravinait trop profondément, un léger coup de la main de Storr au régulateur, provoquant une poussée plus violente de l'obéissant fluide, suffisait à passer l'obstacle. La puissance ne manquait pas à notre machine, on le sait, et un quart de tour, imprimé aux valves d'introduction, ajoutait instantanément à sa force effective quelques douzaines de chevaux-vapeur.

En vérité, nous n'avions jusqu'ici qu'à nous louer aussi bien de ce genre de locomotion que du moteur que Banks avait adopté et du confort de nos maisons roulantes, toujours en quête de nouveaux horizons, qui se modifiaient incessamment à nos regards.

Ce n'était plus, en effet, cette plaine infinie qui s'étend depuis la vallée du Gange jusque sur les territoires de l'Oude et du Rohilkhande. Les sommets de l'Himalaya formaient dans le nord une gigantesque bordure, contre laquelle venaient buter les nuages chassés par le vent du sud-ouest. Il était encore impossible de bien voir le pittoresque profil d'une chaîne qui se découpait à une moyenne de huit mille mètres au-dessus du niveau de la mer; mais, aux approches de la frontière thibétaine, l'aspect du pays devenait plus sauvage, et les jungles envahissaient le sol aux dépens des champs cultivés.

Aussi la flore de cette partie du territoire indou n'était-elle plus la même. Déjà, les palmiers avaient disparu pour faire place à ces magnifiques bananiers, à ces manguiers touffus qui fournissent le meilleur fruit de l'Inde, et plus particulièrement aux groupes de bambous, dont la ramure s'épanouissait en gerbe jusqu'à cent pieds au-dessus du sol. Là, aussi, apparaissaient des magnolias, aux larges fleurs, qui chargeaient l'air de parfums pénétrants, des érables superbes, des chênes d'espèces variées, des marronniers aux fruits hérissés de pointes comme des oursins de mer, des arbres à caoutchouc, dont la sève coulait par leurs veines entr'ouvertes, des pins aux énormes feuilles de l'espèce des pendanus; puis, plus modestes de taille, plus éclatants de couleurs, des géraniums, des rhododendrons, des lauriers, disposés en plates-bandes, qui bordaient les routes.

Quelques villages avec des huttes en paille ou en bambous, deux ou trois fermes, perdues au milieu des grands arbres, se montraient encore, mais séparés déjà par un plus grand nombre de milles. La population diminuait à l'approche des hautes terres.

Sur ces vastes paysages, comme fond de cadre, il faut maintenant étendre un ciel gris et brumeux. J'ajouterai même que la pluie tombait le plus souvent en fortes averses. Pendant quatre jours, du 13 au 17 juin, nous n'eûmes peut-être pas une demi-journée d'accalmie. Donc, obligation de rester au salon de Steam-House, nécessité de tromper les longues heures comme on l'eût fait dans une habitation sédentaire, en fumant, en causant, en jouant au whist.

Pendant ce temps, les fusils chômaient, au grand déplaisir du capitaine Hod; mais deux « schlems », qu'il fit dans une seule soirée, lui rendirent sa bonne humeur habituelle.

« On peut toujours tuer un tigre, dit-il, on ne peut pas toujours faire un schlem ! »

Il n'y avait rien à répondre à une proposition si juste et si nettement formulée.

Le 17 juin, le campement fut dressé près d'un séraï, — nom que portent les bungalows spécialement réservés aux voyageurs. Le temps s'était un peu éclairci, et le Géant d'Acier, qui avait rudement travaillé pendant ces quatre jours, réclamait, sinon quelque repos, du moins quelques soins. On convint donc de passer la demi-journée et la nuit suivante en cet endroit.

Le séraï, c'est le caravansérail, l'auberge publique des grandes routes de la péninsule, un quadrilatère de bâtiments peu élevés entourant une cour intérieure, et, le plus ordinairement, surmontés de quatre tourelles d'angle, ce qui lui donne un air tout à fait oriental. Là, dans ces séraïs, fonctionne un personnel spécialement affecté au service intérieur, le « bhisti », ou porteur d'eau, le cuisinier, cette providence des voyageurs qui, peu exigeants, savent se contenter d'œufs et de poulets, et le « khansama », c'est-à-dire le fournisseur de vivres, avec lequel on peut traiter directement et assez généralement à bas prix.

Le gardien du séraï, le péon, est simplement un agent de la très honorable Compagnie, à laquelle la plupart de ces établissements appartiennent, et qui les fait inspecter par l'ingénieur en chef du district.

Une règle assez bizarre, mais rigoureusement appliquée dans ces établissements, est celle-ci : tout voyageur peut occuper le séraï pendant vingt-quatre heures ; dans le cas où il veut y séjourner plus longtemps, il lui faut une permission de l'inspecteur. Faute de cette autorisation, le premier venu, Anglais ou Indou, peut exiger qu'il lui cède la place.

Il va sans dire que, dès que nous fûmes arrivés à notre lieu de halte, le Géant d'Acier produisit son effet habituel, c'est-à-dire qu'il fut très remarqué, très envié peut-être. Cependant, je dois constater que les hôtes actuels du séraï le regardèrent plutôt avec une sorte de dédain, — dédain trop affecté pour être réel.

Nous n'avions pas affaire, il est vrai, à de simples mortels, voyageant pour leur commerce ou pour leurs plaisirs. Il ne s'agissait là ni de quelque officier anglais, regagnant les cantonnements de la frontière népalaise, ni de quelque marchand indou, conduisant sa caravane vers les steppes de l'Afghanistan, au delà de Lahore ou de Peshawar.

Ce n'était rien moins que le prince Gourou Singh en personne, fils d'un rajah indépendant du Guzarate, rajah lui-même, et qui voyageait en grande pompe dans le nord de la péninsule indienne.

Ce prince occupait non seulement les trois ou quatre salles du séraï, mais encore tous les abords, qui avaient été aménagés de manière à loger les gens de sa suite.

Je n'avais pas encore vu de rajah en voyage. Aussi, dès que notre halte eut été organisée à un quart de mille environ du séraï, dans un site charmant, sur le bord d'un petit cours d'eau et à l'abri de magnifiques pendanus, j'allai, en compagnie du capitaine Hod et de Banks, visiter le campement du prince Gourou Singh.

Le fils d'un rajah qui se déplace ne se déplace pas seul, il s'en faut! S'il est des gens que je n'envie pas, ce sont bien ceux qui ne peuvent remuer une jambe ni faire un pas, sans mettre aussitôt en mouvement quelques centaines d'hommes! Mieux vaut être simple piéton, sac au dos, bâton à la main, fusil à l'épaule, que prince voyageant dans les Indes, avec tout le cérémonial que son rang lui impose.

« Ce n'est pas un homme qui va d'une ville à l'autre, me dit Banks, c'est une bourgade tout entière qui modifie ses coordonnées géographiques !

— J'aime mieux Steam-House, répondis-je, et je ne changerais pas avec ce fils de rajah !

— Et qui sait, répliqua le capitaine Hod, si ce prince ne préférerait pas notre maison roulante à tout cet encombrant attirail de campagne !

— Il n'a qu'un mot à dire, s'écria Banks, et je lui fabriquerai un palais à vapeur, pourvu qu'il y mette le prix ! Mais, en attendant sa commande, voyons un peu ce campement, s'il en vaut la peine ! »

La suite du prince ne comprenait pas moins de cinq cents personnes. Au dehors, sous les grands arbres de la plaine, deux cents chariots étaient disposés symétriquement comme les tentes d'un vaste camp. Pour les traîner, les uns avaient des zébus, les autres des buffles, sans compter trois magnifiques éléphants qui portaient sur leur dos des palanquins de la plus grande richesse, et une vingtaine de ces chameaux, venus des pays à l'ouest de l'Indus, qui s'attellent à la Daumont. Rien ne manquait à cette caravane, ni les musiciens qui charmaient les oreilles de Sa Hautesse, ni les bayadères qui enchantaient ses yeux, ni les faiseurs de tours qui amusaient ses loisirs. Trois cents porteurs et deux cents hallebardiers complétaient ce personnel, dont la solde eût épuisé toute autre bourse que la bourse d'un rajah indépendant de l'Inde.

Les musiciens, c'étaient des joueurs de tambourin, de cymbales, de tamtam, appartenant à cette école qui remplace les sons par les bruits; puis des râcleurs de guitares et de violons à quatre cordes, dont les instruments n'avaient jamais passé par la main de l'accordeur.

Parmi les faiseurs de tours, il y avait quelques-uns de ces « sapwallahs », ou charmeurs de serpents, qui, par leurs incantations, chassent et attirent les reptiles; des « nutuis », très habiles aux exercices du sabre; des acrobates qui dansent sur la corde lâche, coiffés d'une pyramide de pots de terre et chaussés de cornes de buffles; et enfin de ces escamoteurs qui ont le talent de changer en venimeuses « cobras » de vieilles peaux de serpents, ou réciproquement, au gré du spectateur.

Quant aux bayadères, elles appartenaient à la classe de ces jolies « boundelis », si recherchées pour les « nautchs » ou soirées, dans lesquelles elles remplissent le double rôle de chanteuses et de danseuses. Très décemment vêtues, les unes de mousselines brodées d'or, les autres de jupes plissées et d'écharpes qu'elles déploient dans leurs passes, ces ballerines étaient parées de riches bijoux, bracelets précieux aux bras, bagues d'or aux doigts des pieds et des mains, grelots d'argent à la cheville. Ainsi accoutrées, elles exécutent la fameuse danse des œufs avec une grâce et une adresse véritablement extraordinaires, et j'espérais bien qu'il me serait donné de les admirer par invitation spéciale du rajah.

Puis, un certain nombre d'hommes, de femmes, d'enfants, figuraient je ne sais à quel titre dans le personnel de la caravane. Les hommes étaient drapés dans une longue bande d'étoffe, qu'on appelle « dhoti », ou vêtus de la chemise « angarkah » et de la longue robe blanche « jamah », qui leur faisait un costume très pittoresque.

Les femmes portaient le « choli », sorte de jaquette à manches courtes, et le « sari », l'équivalent du dhoti des hommes, qu'elles enroulent autour de leur taille et dont l'extrémité se rejette coquettement sur leur tête.

Ces Indous, étendus sous les arbres, en attendant l'heure du repas, fumaient des cigarettes enveloppées d'une feuille verte, ou le gargouli, destiné à l'incinération du « gurago », sorte de confiture noirâtre qui se compose de tabac, de mélasse et d'opium. D'autres mâchaient ce mélange de feuilles de bétel, de noix d'arec et de chaux éteinte, qui a certainement des propriétés digestives, très utiles sous l'ardent climat de l'Inde.

Tout ce monde, habitué au mouvement des caravanes, vivait en bon accord, et ne montrait d'animation qu'à l'heure des fêtes. On eût dit de ces figurants d'un cortège de théâtre, qui retombent dans la plus complète apathie dès qu'ils ne sont plus en scène.

Cependant, lorsque nous arrivâmes au campement, ces Indous s'empressèrent de nous adresser quelques « salams » en s'inclinant jusqu'à terre. La plupart criaient : « Sahib! sahib! » ce qui veut dire : Monsieur! monsieur! et nous leur répondions par des gestes d'amitié.

Je l'ai dit, il m'était venu à la pensée que le prince Gourou Singh voudrait peut-être donner en notre honneur une de ces fêtes dont les rajahs ne sont point avares. La grande cour du bungalow, tout indiquée pour une cérémonie de ce genre, me semblait admirablement appropriée aux danses des bayadères, aux incantations des charmeurs, aux tours des acrobates. J'aurais été ravi, je l'avoue, de pouvoir assister à ce spectacle au milieu d'un séraï, sous l'ombrage de magnifiques arbres, et avec cette mise en scène naturelle qu'eût formée le personnel de la caravane. Cela aurait mieux valu que les planches d'un étroit théâtre, avec ses murailles de toile peinte, ses bandes de fausse verdure et sa figuration restreinte.

Je communiquai ma pensée à mes compagnons, qui, tout en partageant ce désir, ne crurent pas à sa réalisation.

« Le rajah de Guzarate, me dit Banks, est un indépendant, qui s'est à peine soumis, après la révolte des Cipayes, pendant laquelle sa conduite a été au moins louche. Il n'aime point les Anglais, et son fils ne fera rien pour nous être agréable.

— Eh bien, nous nous passerons de ses nautchs ! » répondit le capitaine Hod, avec un dédaigneux mouvement d'épaules.

Il devait en être ainsi, et nous ne fûmes pas même admis à visiter l'intérieur du sérai. Peut-être le prince Gourou Singh attendait-il la visite officielle du colonel. Mais sir Edward Munro n'avait rien à demander à ce personnage, il n'en attendait rien, il ne se dérangea pas.

Nous revînmes donc au lieu de halte, et nous fîmes honneur à l'excellent dîner que monsieur Parazard nous servit. Je dois dire que les conserves en formaient le menu principal. Depuis plusieurs jours, la chasse nous avait été interdite pour cause de mauvais temps; mais notre cuisinier était un habile homme, et, sous sa main savante, les viandes et les légumes conservés reprirent leur fraîcheur et leur saveur naturelles.

Pendant toute la soirée, et quoi qu'eût dit Banks, un sentiment de curiosité me poussant, j'attendis une invitation qui ne vint pas. Le capitaine Hod plaisanta mes goûts pour les ballets en plein air, et me soutint même que « c'était beaucoup mieux » à l'Opéra. Je n'en voulus rien croire, mais, vu le peu d'amabilité du prince, il me fut impossible de le constater.

Le lendemain, 18 juin, tout fut disposé pour que notre départ s'effectuât au lever du jour.

A cinq heures, Kâlouth commença à chauffer. Notre éléphant, qui avait été dételé, se trouvait à une cinquantaine de pas du train, et le mécanicien s'occupait à refaire la provision d'eau.

Pendant ce temps, nous nous promenions sur les bords de la petite rivière.

Quarante minutes plus tard, la chaudière était suffisamment en pression, et Storr allait commencer sa manœuvre en arrière, lorsqu'un groupe d'Indous s'approcha.

Ils étaient là cinq ou six, richement vêtus, robes blanches, tuniques de soie, turbans ornés de broderies d'or. Une douzaine de gardes, armés de mousquets et de sabres, les accompagnaient. L'un de ces soldats portait une couronne de feuillage vert, — ce qui indiquait la présence de quelque personnage important.

En effet, le personnage important, c'était le prince Gourou Singh en personne, un homme de trente-cinq ans environ, l'air hautain, — type assez réussi des descendants de ces rajahs légendaires, dans les traits duquel se retrouvait le caractère maharatte.

Le prince ne daigna même pas s'apercevoir de notre présence. Il fit quelques pas en avant, et s'approcha du gigantesque éléphant que la main de Storr allait mettre en marche. Puis, après l'avoir considéré, non sans un certain sentiment de curiosité, quoiqu'il n'en voulût rien laisser voir :

« Qui a fait cette machine? » demanda-t-il à Storr.

Le mécanicien montra l'ingénieur, qui nous avait rejoints et se tenait à quelques pas.

Le prince Gourou Singh s'exprimait très facilement en anglais, et, se retournant vers Banks :

« C'est vous qui avez?... dit-il du bout des lèvres.

— C'est moi qui ai! répondit Banks.

— Ne m'a-t-on pas dit que c'était une fantaisie du défunt rajah de Bouthan? »

Banks fit de la tête un signe affirmatif.

« A quoi bon, reprit Sa Hautesse, en haussant impoliment les épaules, à quoi bon se faire traîner par une mécanique, lorsqu'on a des éléphants de chair et d'os à son service !

— C'est que probablement, répondit Banks, cet éléphant est plus puissant que tous ceux dont le défunt rajah faisait usage.

— Oh ! fit Gourou Singh, en avançant dédaigneusement la bouche, plus puissant !...

— Infiniment plus ! répondit Banks.

— Pas un des vôtres, dit alors le capitaine Hod, à qui ces façons déplaisaient souverainement, pas un des vôtres ne serait capable de lui faire bouger une patte, à cet éléphant-là, s'il ne le voulait pas.

— Vous dites ?... fit le prince.

— Mon ami affirme, répliqua l'ingénieur, et j'affirme après lui, que cet animal artificiel pourrait résister à la traction de dix couples de chevaux, et que vos trois éléphants, attelés ensemble, ne parviendraient pas à le faire reculer d'une semelle !

— Je n'en crois absolument rien, répondit le prince.

— Vous avez tort de n'en croire absolument rien, répondit le capitaine Hod.

— Et lorsque Votre Hautesse voudra y mettre

le prix, ajouta Banks, je m'engage à lui en fournir un qui aura la force de vingt éléphants choisis parmi les meilleurs de ses écuries!

— Cela se dit, répliqua très sèchement Gourou Singh.

— Et cela se fait, » répondit Banks.

Le prince commençait à s'animer. On voyait qu'il ne supportait pas facilement la contradiction.

« On pourrait faire l'expérience ici même, dit-il, après un instant de réflexion.

— On le peut, répondit l'ingénieur.

— Et même, ajouta le prince Gourou Singh, faire de cette expérience l'objet d'un pari considérable, — à moins que vous ne reculiez devant la crainte de le perdre, comme reculerait votre éléphant, sans doute, s'il avait à lutter avec les miens!

— Géant d'Acier, reculer! s'écria le capitaine Hod. Qui ose prétendre que Géant d'Acier reculerait?

— Moi, répondit Gourou Singh.

— Et que parierait Votre Hautesse? demanda l'ingénieur, en se croisant les bras.

— Quatre mille roupies, répondit le prince, si vous aviez quatre mille roupies à perdre! »

Cela faisait environ dix mille francs. L'enjeu était considérable, et je vis bien que Banks, quelque confiance qu'il eût, ne se souciait guère de risquer une pareille somme.

Le capitaine Hod, lui, en eût tenu le double, si sa modeste solde le lui eût permis.

« Vous refusez! dit alors Sa Hautesse, pour laquelle quatre mille roupies représentaient à peine le prix d'une fantaisie passagère. Vous craignez de risquer quatre mille roupies?

— Tenu, » dit le colonel Munro, qui venait de s'approcher et intervenait par ce seul mot, qui avait bien sa valeur.

« Le colonel Munro tient quatre mille roupies? demanda le prince Gourou Singh.

— Et même dix mille, répondit sir Edward Munro, si cela convient à Votre Hautesse.

— Soit! » répondit Gourou Singh.

En vérité, cela devenait intéressant. L'ingénieur avait serré la main du colonel, comme pour le remercier de ne pas l'avoir laissé en affront devant ce dédaigneux rajah, mais ses sourcils s'étaient froncés un instant, et je me demandai s'il n'avait pas trop présumé de la puissance mécanique de son appareil.

Quant au capitaine Hod, il rayonnait, il se frottait les mains, et, s'avançant vers l'éléphant :

« Attention, Géant d'Acier! s'écria-t il. Il s'agit de

travailler pour l'honneur de notre vieille Angleterre ! »

Tous nos gens s'étaient rangés sur un des côtés de la route. Une centaine d'Indous avaient quitté le campement du séraï et accouraient pour assister à la lutte qui se préparait.

Banks nous avait quittés pour monter dans la tourelle, près de Storr, qui, par un tirage artificiel, activait le foyer en lançant un jet de vapeur à travers la trompe de Géant d'Acier.

Pendant ce temps, sur un signe du prince Gourou Singh, quelques-uns de ses serviteurs étaient allés au séraï, et ils ramenaient les trois éléphants, débarrassés de tout leur attirail de voyage. C'étaient trois magnifiques bêtes, originaires du Bengale, et d'une taille plus élevée que celle de leurs congénères de l'Inde méridionale. Ces superbes animaux, dans toute la force de l'âge, ne laissèrent pas de m'inspirer une sorte d'inquiétude.

Les « mahouts », juchés sur leur énorme cou, les dirigeaient de la main et les excitaient de la voix.

Lorsque ces éléphants passèrent devant Sa Hautesse, le plus grand des trois, — un véritable géant de l'espèce, — s'arrêta, fléchit les deux genoux, releva sa trompe, et salua le prince en courtisan bien stylé qu'il était. Puis, ses deux compagnons et lui s'approchèrent de Géant d'Acier, qu'ils semblèrent regarder avec un étonnement mêlé de quelque effroi.

De fortes chaînes de fer furent alors fixées sur le bâti du tender, aux barres d'attelage, que cachait l'arrière-train de notre éléphant.

J'avoue que le cœur me battait. Le capitaine Hod, lui, dévorait sa moustache et ne pouvait rester en place.

Quant au colonel Munro, il était aussi calme, je dirai même plus calme, que le prince Gourou Singh.

« Nous sommes prêts, dit l'ingénieur. Quand il plaira à Sa Hautesse ?...

— Il me plaît, » répondit le prince.

Gourou Singh fit un signe, les mahouts poussèrent un sifflement particulier, et les trois éléphants, arc-boutant sur le sol leurs jambes puissantes, tirèrent avec un parfait ensemble. La machine commença à reculer de quelques pas.

Un cri m'échappa. Hod frappa du pied.

« Cale les roues ! » dit simplement l'ingénieur, en se retournant vers le mécanicien.

Et, d'un coup rapide, qui fut suivi d'un hennissement de vapeur, le sabotage atmosphérique fut appliqué instantanément.

Le Géant d'Acier s'arrêta et ne bougea plus.

Les mahouts excitèrent les trois éléphants, qui, les muscles tendus, firent un nouvel effort.

Ce fut inutile. Notre éléphant semblait être enraciné au sol.

Le prince Gourou Singh se mordit les lèvres jusqu'au sang.

Le capitaine Hod battit des mains.

« En avant! cria Banks.

— Oui, en avant, répéta le capitaine, en avant! »

Le régulateur fut ouvert en grand, de grosses volutes de vapeur s'échappèrent coup sur coup de la trompe, les roues décalées tournèrent lentement en mordant le macadam de la route, et voilà les trois éléphants, malgré leur résistance effroyable, entraînés à reculons, en creusant dans le sol de profondes ornières.

« Go head! Go head! » hurlait le capitaine Hod.

Et, le Géant d'Acier allant toujours de l'avant, les trois énormes animaux tombèrent sur le flanc, et furent traînés pendant une vingtaine de pas, sans que notre éléphant parût même s'en apercevoir.

« Hurrah! hurrah! hurrah! criait le capitaine Hod, qui n'était plus maître de lui. On peut joindre à ses éléphants tout le séraï de Sa Hautesse! Cela ne pèsera pas plus qu'une guigne à notre Géant d'Acier! »

Le colonel Munro fit un signe de la main. Banks ferma le régulateur, et l'appareil s'arrêta.

Rien de plus piteux à voir que les trois éléphants de Sa Hautesse, la trompe affolée, les pattes en l'air, qui s'agitaient comme de gigantesques scarabées renversés sur le dos!

Quant au prince, non moins irrité que honteux, il était parti, sans même attendre la fin de l'expérience.

Les trois éléphants furent alors dételés. Ils se relevèrent, très visiblement humiliés de leur défaite. Lorsqu'ils repassèrent devant le Géant d'Acier, le plus grand, en dépit de son cornac, ne put s'empêcher de fléchir le genou et de saluer de la trompe, comme il l'avait fait devant le prince Gourou Singh.

Un quart d'heure après, un Indou, le « kâmdar » ou secrétaire de Sa Hautesse, arrivait à notre campement et remettait au colonel un sac contenant dix mille roupies, l'enjeu du pari perdu.

Le colonel Munro prit le sac, et, le rejetant avec dédain :

« Pour les gens de Sa Hautesse! » dit-il.

Puis, il se dirigea tranquillement vers Steam-House.

On ne pouvait mieux remettre à sa place le prince

arrogant, qui nous avait si dédaigneusement provoqués.

Cependant, le Géant d'Acier attelé, Banks donna aussitôt le signal du départ, et, au milieu d'un énorme concours d'Indous émerveillés, notre train partit à grande vitesse.

Des cris le saluèrent à son passage, et bientôt nous avions perdu de vue, derrière un tournant de la route, le séraï du prince Gourou Singh.

Le lendemain, Steam-House commença à s'élever sur les premières rampes, qui relient le pays plat à la base de la frontière himalayenne. Ce ne fut qu'un jeu pour notre Géant d'Acier, auquel les quatre-vingts chevaux enfermés dans ses flancs avaient permis de lutter sans peine contre les trois éléphants du prince Gourou Singh. Il s'aventura donc aisément sur les routes ascendantes de cette région, sans qu'il fût nécessaire de dépasser la pression normale de la vapeur.

En vérité, c'était un spectacle curieux de voir le colosse, vomissant des gerbes d'étincelles, traîner avec des hennissements moins précipités mais plus expansifs, les deux chars qui s'élevaient sur le lacet des chemins. La jante rayée des roues striait le sol, dont le macadam grinçait en s'égrenant. Il faut bien l'avouer, notre pesant animal laissait après lui de profondes ornières et endommageait la route, déjà détrempée par les pluies torrentielles.

Quoi qu'il en soit, Steam-House s'élevait peu à peu, le panorama s'élargissait en arrière, la plaine s'abaissait, et, vers le sud, l'horizon, se déroulant sur un plus large périmètre, reculait à perte de vue.

L'effet produit était plus sensible encore, lorsque, pendant quelques heures, la route s'engageait sous les arbres d'une épaisse forêt. Quelque vaste clairière s'ouvrait-elle alors, comme une immense fenêtre sur la croupe de la montagne, le train s'arrêtait, — un instant, si quelque humide brouillard embrumait alors le paysage, — une demi-journée, si le paysage se dessinait plus nettement aux regards. Et tous quatre, accoudés sous la vérandah de l'arrière, nous venions longuement contempler le magnifique panorama qui se développait à nos yeux.

Cette ascension, coupée par des haltes plus ou moins prolongées, suivant le cas, interrompue par les campements de nuit, ne dura pas moins de sept jours, du 19 au 25 juin.

« Avec un peu de patience, disait le capitaine Hod, notre train monterait jusqu'aux dernières cimes de l'Himalaya !

— Pas tant d'ambition, mon capitaine, répondait l'ingénieur.

— Il le ferait, Banks !

— Oui, Hod, il le ferait, si la route praticable ne venait pas à lui manquer bientôt, et à la condition d'emporter du combustible, qu'il ne trouverait plus à travers les glaciers, et de l'air respirable, qui lui ferait défaut à deux mille toises de hauteur. Mais nous n'avons que faire de dépasser la zone habitable de l'Himalaya. Lorsque le Géant d'Acier aura atteint l'altitude moyenne des sanitarium, il s'arrêtera dans quelque site agréable, sur la lisière d'une forêt alpestre, au milieu d'une atmosphère rafraîchie par les courants supérieurs de l'espace. Notre ami Munro aura transporté son bungalow de Calcutta dans les montagnes du Népaul, voilà tout, et nous y séjournerons tant qu'il le voudra. »

Ce lieu de halte, où nous devions camper pendant quelques mois, fut heureusement trouvé dans la journée du 25 juin. Depuis quarante-huit heures, la route devenait de moins en moins praticable, soit qu'elle fût incomplètement établie, soit que les pluies l'eussent ravinée trop profondément. Le Géant d'Acier eut là « du tirage », comme on dit vulgairement. Il en fut quitte pour dévorer un peu plus de combustible. Quelques morceaux de bois, ajoutés au foyer de Kâlouth, suffisaient à accroître la pression de la vapeur. Mais il ne fut jamais nécessaire de charger les soupapes, dont le papillon ne laissait fuir le fluide que sous une tension de sept atmosphères, — tension qui ne fut point dépassée.

Depuis quarante-huit heures, aussi, notre train s'aventurait sur un territoire à peu près désert. De bourgades ou de villages, il ne s'en rencontrait plus. A peine quelques habitations isolées, parfois une ferme, perdue dans ces grandes forêts de pins qui hérissent la croupe méridionale des contreforts. Trois ou quatre fois, de rares montagnards nous saluèrent de leurs interjections admiratives. A voir cet appareil merveilleux s'élever dans la montagne, ne devaient-ils pas croire que Brahma se passait la fantaisie de transporter toute une pagode sur quelque inaccessible hauteur de la frontière népalaise?

Enfin, dans cette journée du 25 juin, Banks nous jeta une dernière fois le mot : « Halte ! » qui terminait cette première partie de notre voyage dans l'Inde septentrionale. Le train s'arrêtait au milieu d'une vaste clairière, près d'un torrent, dont l'eau limpide devait suffire à tous les besoins d'un campement de quelques mois. De là, le regard pouvait embrasser la plaine sur un périmètre de cinquante à soixante milles.

Steam-House se trouvait alors à trois cent vingt-cinq lieues de son point de départ, à deux mille mètres environ au-dessus du niveau de la mer, et au pied de ce Dwalaghiri, dont la cime se perdait à vingt-cinq mille pieds dans les airs.

CHAPITRE XV

LE PAL DE TANDÎT

Il faut abandonner un instant le colonel Munro, ainsi que ses compagnons, l'ingénieur Banks, le capitaine Hod, le Français Maucler, et interrompre pendant quelques pages le récit de ce voyage, dont la première partie, comprenant l'itinéraire de Calcutta à la frontière indo-chinoise, se termine à la base des montagnes du Thibet.

On se rappelle l'incident qui avait marqué le passage de Steam-House à Allahabad. Un numéro du journal de la ville, daté du 25 mai, apprenait au colonel Munro la mort de Nana Sahib. Cette nouvelle, souvent répandue, toujours démentie, était-elle vraie cette fois ? Sir Edward Munro, après des détails si précis, pouvait-il douter encore, et ne devait-il pas renoncer enfin à se faire justice du révolté de 1857 ?

On en jugera.

Voici ce qui s'était passé depuis cette nuit du 7 au 8 mars, pendant laquelle Nana Sahib, accompagné de Balao Rao, son frère, escorté de ses plus fidèles compagnons d'armes, et suivi de l'Indou Kâlagani, avait quitté les caves d'Adjuntah.

Soixante heures plus tard, le nabab atteignait les étroits défilés des monts Sautpourra, après avoir traversé la Tapi, qui va se jeter à la côte ouest de la péninsule, près de Surate. Il se trouvait alors à cent milles d'Adjuntah, dans une partie peu fréquentée de la province, ce qui, pour le moment, lui assurait quelque sécurité.

L'endroit était bien choisi.

Les monts Sautpourra, de médiocre hauteur, commandent au sud le bassin de la Nerbudda, dont la limite septentrionale est couronnée par les monts Vindhyas. Ces deux chaînes, courant presque parallèlement l'une à l'autre, enchevêtrent leurs ramifications et ménagent, dans ce pays accidenté, des retraites difficiles à découvrir. Mais si les Vindhyas, à la hauteur du vingt-troisième degré de latitude, coupent l'Inde presque entièrement de l'ouest à l'est, en formant un des grands côtés du triangle central de la péninsule, il n'en est pas ainsi des Sautpourra, qui ne dépassent pas le soixante-quinzième degré de longitude, et viennent s'y souder au mont Kaligong.

Là, Nana Sahib se trouvait à l'entrée du pays des Gounds, redoutables tribus de ces peuplades de vieille race, imparfaitement soumises, qu'il voulait pousser à la révolte.

Un territoire de deux cents milles carrés, une population de plus de trois millions d'habitants, tel est ce pays du Goudwana, dont M. Rousselet considère les habitants comme autochtones et dans lequel les ferments de rébellion sont toujours prêts à lever.

C'est là une importante portion de l'Indoustan, et, à vrai dire, elle n'est que nominalement sous la domination anglaise. Le railway de Bombay à Allahabad traverse bien cette contrée du sud-ouest au nord-est, il jette même un embranchement jusqu'au centre de la province de Nagpore, mais les tribus sont restées sauvages, réfractaires à toute idée de civilisation, impatientes du joug européen, en somme, très difficiles à réduire dans leurs montagnes, — et Nana Sahib le savait bien.

C'était donc là qu'il avait voulu tout d'abord chercher asile, afin d'échapper aux recherches de la police anglaise, en attendant l'heure de provoquer le mouvement insurrectionnel.

Si le nabab réussissait dans son entreprise, si les Gounds se levaient à sa voix et marchaient à sa suite, la révolte pourrait rapidement prendre une extension considérable.

En effet, au nord du Goudwana, c'est le Bundelkund, qui comprend toute la région montagneuse située entre le plateau supérieur des Vindhyas et l'important cours d'eau de la Jumna. Dans ce pays, couvert ou plutôt hérissé des plus belles forêts vierges de l'Indoustan, vit un peuple de Boundélas, fourbe et cruel, chez lequel tous les criminels, politiques ou autres, cherchent volontiers et trouvent facilement refuge ; là, se masse une population de deux millions et demi d'habitants sur une surface de vingt-huit mille kilomètres carrés ; là, les provinces sont restées barbares ; là, vivent encore de ces vieux partisans, qui luttèrent contre les envahisseurs sous Tippo Sahib ; là, sont nés les célèbres étrangleurs Thugs, si longtemps l'épouvante de l'Inde, fanatiques assassins, qui, sans jamais verser de sang, ont fait d'innombrables victimes ; là, les bandes de Pindarris ont exercé presque impunément les plus odieux massacres ; là, pullulent encore ces terribles Dacoits, secte d'empoisonneurs qui marchent sur les traces des Thugs ; là, enfin, s'était déjà réfugié Nana Sahib lui-même, après avoir échappé aux troupes royales, maîtresses de Jansie ; là, il avait dépisté toutes les recherches, avant d'aller demander un asile plus sûr aux inaccessibles retraites de la frontière indo-chinoise.

A l'est du Goudwana, c'est le Khondistan, ou pays des Khounds. Ainsi se nomment ces farouches sectateurs de Tado Pennor, le dieu de la terre, et de Maunck Soro, le dieu rouge des combats, ces sanglants adeptes des « mériahs », ou sacrifices humains, que les Anglais ont tant de peine à détruire, ces sauvages dignes d'être comparés aux naturels des îles les plus barbares de la Polynésie, contre lesquels, de 1840 à 1854, le major général John Campbell, les capitaines Macpherson, Macviccar et Frye, entreprirent de pénibles et longues expéditions, — fanatiques prêts à tout oser, lorsque, sous quelque pretexte religieux, une puissante main les pousserait en avant.

A l'ouest du Goudwana, c'est un pays de quinze cent mille à deux millions d'âmes, occupé par les Bhîls, puissants autrefois dans le Malwa et le Rajpoutuna, maintenant divisés en clans, répandus dans toute la région des Vindhyas, presque toujours ivres de cette eau-de-vie que leur fournit l'arbre de « mhowah », mais braves, audacieux, robustes, agiles, l'oreille toujours ouverte au « kisri », qui est leur cri de guerre et de pillage.

On le voit, Nana Sahib avait bien choisi. Dans

cette région centrale de la péninsule, au lieu d'une simple insurrection militaire, il espérait, cette fois, provoquer un mouvement national, auquel prendraient part les Indous de toute caste.

Mais, avant de rien entreprendre, il convenait de se fixer dans le pays, afin d'agir efficacement sur les populations dans la mesure que les circonstances permettaient. Donc, nécessité de trouver un asile sûr, momentanément du moins, quitte à l'abandonner, s'il devenait suspect.

Tel fut le premier soin de Nana Sahib. Les Indous qui l'avaient suivi depuis Adjuntah, pouvaient aller et venir librement dans toute la présidence. Balao Rao, que ne visait pas la notice du gouverneur, aurait pû, lui aussi, jouir de la même immunité, n'eût été sa ressemblance avec son frère. Depuis sa fuite jusqu'aux frontières du Népaul, l'attention n'avaît plus été attirée sur sa personne, et l'on avait tout lieu de le croire mort. Mais, pris pour Nana Sahib, il eût été arrêté, — ce qu'il fallait éviter à tout prix.

Ainsi donc, pour ces deux frères unis dans la même pensée, marchant au même but, un unique asile était nécessaire. Quant à le trouver, cela ne devait être ni long ni difficile dans ces défilés des monts Sautpourra.

Et, en effet, cet asile fut tout d'abord indiqué

par un des Indous de la troupe, un Gound, qui connaissait la vallée jusque dans ses plus profondes retraites.

Sur la rive droite d'un petit affluent de la Nerbudda se trouvait un pâl abandonné, nommé le pâl de Tandît.

Le pâl, c'est moins qu'un village, à peine un hameau, une réunion de huttes, souvent même une habitation isolée. La nomade famille, qui l'occupe, est venue s'y fixer temporairement. Après avoir brûlé quelques arbres, dont les cendres vivifient le sol pour une courte saison, le Gound et les siens ont construit leur demeure. Mais, comme le pays n'est rien moins que sûr, la maison a pris l'aspect d'un fortin. Un rang de palissades l'entoure, et elle peut se défendre contre une surprise. Cachée, d'ailleurs, dans quelque épais massif, enfouie, pour ainsi dire, sous un berceau de cactus et de broussailles, il n'est pas aisé de la découvrir.

Le plus ordinairement, le pâl couronne quelque monticule, sur le revers d'une vallée étroite, entre deux contreforts escarpés, au milieu d'impénétrables futaies. Il ne semble pas que des créatures humaines aient pu y chercher refuge. De routes pour y conduire, point; de sentiers qui y donnent accès, on ne voit pas trace. Pour l'atteindre, il faut quelquefois remonter le lit raviné d'un torrent, dont l'eau efface toute empreinte. Qui le franchit ne laisse aucun vestige après lui. Dans la saison chaude, on s'y mouille jusqu'à la cheville, dans la saison froide, jusqu'aux genoux, et rien n'indique qu'un être vivant y a passé. En outre, une avalanche de roches, que la main d'un enfant suffirait à précipiter, écraserait quiconque tenterait d'arriver au pâl contre la volonté de ses habitants.

Cependant, si isolés qu'ils soient dans leurs aires inaccessibles, les Gounds peuvent rapidement communiquer de pâl à pâl. Du haut de ces croupes inégales des Sautpourra, les signaux se propagent en quelques minutes sur vingt lieues de pays. C'est un feu allumé à la cime d'une roche aiguë, c'est un arbre changé en torche gigantesque, c'est une simple fumée qui empanache le sommet d'un contrefort. On sait ce que cela signifie. L'ennemi, c'est-à-dire un détachement de soldats de l'armée royale, une escouade d'agents de la police anglaise, a pénétré dans la vallée, remonte le cours de la Nerbudda, fouille les gorges de la chaîne, en quête de quelque malfaiteur, auquel ce pays offre volontiers refuge. Le cri de guerre, si familier à l'oreille des montagnards, devient cri d'alarme. Un étranger le confondrait avec le hululement des oiseaux de nuit ou le sifflement des reptiles. Le Gound, lui, ne s'y trompe pas. Il faut veiller, on veille; il faut fuir, on fuit. Les pâls suspects sont abandonnés, brûlés même. Ces nomades se réfugient en d'autres retraites, qu'ils abandonneront encore, s'ils sont pressés de trop près, et, sur ces terrains recouverts de cendres, les agents de l'autorité ne trouvent plus que des ruines.

C'était à l'un de ces pâls, — le pâl de Tandît, — que Nana Sahib et les siens étaient venus demander refuge. Là, les avait tout d'abord conduits le fidèle Gound dévoué à la personne du nabab. Là, ils s'installèrent dans la journée du 12 mars.

Le premier soin des deux frères, dès qu'ils eurent pris possession du pâl de Tandît, fut d'en reconnaître soigneusement les abords. Ils observèrent dans quelle direction et à quelle portée le regard pouvait s'étendre. Ils se firent indiquer quelles étaient les habitations les plus rapprochées, et s'enquirent de ceux qui les occupaient. La position de cette croupe isolée, que couronnait le pâl de Tandît, au milieu d'un massif d'arbres, ils l'étudièrent, et se rendirent finalement compte de l'impossibilité d'y avoir accès, sans suivre le lit d'un torrent, le torrent de Nazzur, qu'ils venaient de remonter eux-mêmes.

Le pâl de Tandît offrait donc toutes les conditions de sécurité, d'autant mieux qu'il s'élevait au-dessus d'un souterrain, dont les secrètes issues s'ouvraient sur le flanc du contrefort, et permettaient de s'enfuir, le cas échéant.

Nana Sahib et son frère n'auraient pu trouver un plus sûr asile.

Mais il ne suffisait pas à Balao Rao de savoir ce qu'était actuellement le pâl de Tandît, il voulait apprendre ce qu'il avait été, et, pendant que le nabab visitait l'intérieur du fortin, il continua d'interroger le Gound.

« Quelques questions encore, lui dit-il. Depuis combien de temps ce pâl est-il abandonné?

— Depuis plus d'un an, répondit le Gound.

— Qui l'habitait?

— Une famille de nomades, qui n'y est restée que quelques mois.

— Pourquoi l'ont-ils quitté?

— Parce que le sol, destiné à les nourrir, ne pouvait plus leur assurer la nourriture.

— Et depuis leur départ, personne, à ta connaissance, n'y a cherché refuge?

— Personne.

— Jamais un soldat de l'armée royale, jamais un agent de la police n'a mis le pied dans l'enceinte de ce pâl?

— Jamais.

— Aucun étranger ne l'a visité ?

— Aucun... répondit le Gound, si ce n'est une femme.

— Une femme ? répliqua vivement Balao Rao.

— Oui, une femme, qui, depuis trois ans environ, erre dans la vallée de la Nerbudda.

— Quelle est cette femme ?

— Ce qu'elle est, je l'ignore, répondit le Gound. D'où elle vient, je ne puis le dire, et, dans toute la vallée, personne n'en sait plus que moi sur son compte ! Est-ce une étrangère, est-ce une Indoue, on n'a jamais pu le savoir ! »

Balao Rao réfléchit un instant; puis, reprenant :

« Que fait cette femme ? demanda-t-il.

— Elle va, elle vient, répondit le Gound. Elle vit uniquement d'aumônes. On a pour elle, dans toute la vallée, une sorte de vénération superstitieuse. Plusieurs fois, je l'ai reçue dans mon propre pâl. Elle ne parle jamais. On pourrait croire qu'elle est muette, et je ne serais pas étonné qu'elle le fût. La nuit, on la voit se promener, tenant à la main une branche résineuse allumée. Aussi, ne la connaît-on que sous le nom de la « Flamme Errante ! »

— Mais, dit Balao Rao, si cette femme connaît le pâl de Tandît, ne peut-elle y revenir pendant que nous l'occuperons, et n'avons-nous rien à craindre d'elle ?

— Rien, répondit le Gound. Cette femme n'a pas sa raison. Sa tête ne lui appartient plus ; ses yeux ne regardent pas ce qu'ils voient ; ses oreilles n'écoutent pas ce qu'elles entendent ; sa langue ne sait plus prononcer une parole! Elle est ce que serait une aveugle, une sourde, une muette, pour toutes les choses du dehors. C'est une folle, et, une folle, c'est une morte qui continue à vivre ! »

Le Gound, dans ce langage particulier aux Indous des montagnes, venait de tracer le portrait d'une étrange créature, très connue dans la vallée, la « Flamme Errante » de la Nerbudda.

C'était une femme, dont la figure pâle, belle encore, vieillie et non vieille, mais privée de toute expression, n'indiquait ni l'origine, ni l'âge. On eût dit que ses yeux hagards venaient de se fermer à la vie intellectuelle sur quelque effroyable scène, qu'ils continuaient à voir « en dedans. »

A cette créature inoffensive et privée de sa raison, les montagnards avaient fait bon accueil. Les fous, pour ces Gounds, comme pour toutes les populations sauvages, sont des êtres sacrés que protège un superstitieux respect. Aussi recevait-on hospitalièrement la Flamme Errante partout où elle se présentait. Aucun pâl ne lui fermait sa porte. On la nourrissait quand elle avait faim, on la couchait lorsqu'elle tombait de fatigue, sans attendre une parole de remerciement que sa bouche ne pouvait plus formuler.

Depuis combien de temps durait cette existence? D'où venait cette femme? Vers quelle époque avait-elle apparu dans le Goudwana? Il eût été difficile de le préciser. Pourquoi se promenait-elle, une flamme à la main? Était-ce pour guider ses pas? Était-ce pour éloigner les fauves? on n'eût pu le dire. Il lui arrivait de disparaître pendant des mois entiers. Que devenait-elle alors? Quittait-elle les défilés des monts Sautpourra pour les gorges des Vindhyas? S'égarait-elle au delà de la Nerbudda, jusque dans le Malwa ou le Bundelkund? Nul ne le savait. Plus d'une fois, tant son absence se prolongea, on put croire que sa triste vie avait pris fin. Mais non! On la revoyait revenir toujours la même, sans que ni la fatigue, ni la maladie, ni le dénuement, parussent avoir éprouvé sa nature, si frêle en apparence.

Balao Rao avait écouté l'Indou avec une extrême attention. Il se demandait toujours s'il n'y avait pas quelque danger dans cette circonstance que la Flamme Errante connaissait le pâl de Tandît, qu'elle y avait déjà cherché refuge, que son instinct pouvait l'y ramener.

Il revint donc sur ce point, et demanda au Gound

si lui ou les siens savaient où se trouvait actuellement cette folle.

« Je l'ignore, répondit le Gound. Voilà plus de six mois que personne ne l'a revue dans la vallée. Il est donc possible qu'elle soit morte. Mais enfin, reparût-elle et revînt-elle au pâl de Tandît, il n'y aurait rien à redouter de sa présence. Ce n'est qu'une statue vivante. Elle ne vous verrait pas, elle ne vous entendrait pas, elle ne saurait pas qui vous êtes. Elle entrerait, elle s'assoirait à votre foyer, pour un jour, pour deux jours, puis elle rallumerait sa résine éteinte, vous quitterait, et recommencerait à errer de maison en maison. C'est là toute sa vie. D'ailleurs, son absence se prolonge tellement cette fois, qu'il est probable qu'elle ne reviendra jamais. Celle qui était déjà morte d'esprit doit être maintenant morte de corps ! »

Balao Rao ne crut pas devoir parler de cet incident à Nana Sahib, et lui-même n'y attacha bientôt plus aucune importance.

Un mois après leur arrivée au pâl de Tandît, le retour de la Flamme Errante n'avait pas été signalé dans la vallée de la Nerbudda.

CHAPITRE XVI

LA FLAMME ERRANTE

Nana Sahib, pendant tout un mois, du 12 mars au 12 avril, resta caché dans le pâl. Il voulait donner aux autorités anglaises le temps de prendre le change, soit en abandonnant les recherches, soit en se lançant sur de fausses pistes.

Si, pendant le jour, les deux frères ne sortaient pas, leurs fidèles parcouraient la vallée, visitaient les villages et les hameaux, annonçaient à mots couverts la prochaine apparition d'un « redoutable moulti », moitié dieu, moitié homme, et ils préparaient les esprits à un soulèvement national.

La nuit venue, Nana Sahib et Balao Rao se hasardaient à quitter leur retraite. Ils s'aventuraient jusque sur les rives de la Nerbudda. Ils allaient de village en village, de pâl en pâl, en attendant l'heure à laquelle ils pourraient parcourir avec quelque sécurité le domaine des rajahs inféodés aux Anglais. Nana Sahib savait, d'ailleurs, que plusieurs semi-indépendants, impatients du joug étranger, se rallieraient à sa voix. Mais, en ce moment, il ne s'agissait que des populations sauvages du Goudwana.

Ces Bhîls barbares, ces Kounds nomades, ces Gounds, aussi peu civilisés que les naturels des îles du Pacifique, le Nana les trouva prêts à se lever, prêts à le suivre. Si, par prudence, il ne se fit connaître qu'à deux ou trois puissants chefs de tribu, cela suffit à lui prouver que son nom seul entraînerait plusieurs millions de ces Indous, qui sont répartis sur le plateau central de l'Indoustan.

Lorsque les deux frères étaient rentrés au pâl de Tandît, ils se rendaient mutuellement compte de ce qu'ils avaient entendu, vu, fait. Leurs compagnons les rejoignaient alors, apportant de toutes parts la nouvelle que l'esprit de révolte soufflait comme un vent d'orage dans la vallée de la Nerbudda. Les Gounds ne demandaient qu'à jeter le « kisri », le cri de guerre des montagnards, et à se précipiter sur les cantonnements militaires de la présidence.

Le moment n'était pas venu.

Il ne suffirait pas, en effet, que toute la contrée comprise entre les monts Sautpourra et les Vindhyas fût en feu. Il fallait encore que l'incendie pût gagner de proche en proche. Donc, nécessité d'entasser les éléments combustibles dans les provinces voisines de la Nerbudda, qui étaient plus directement sous l'autorité anglaise. De chacune des villes, des bourgades du Bhopal, du Malwa, du Bundelkund, et de tout ce vaste royaume de Scindia, il importait de faire un immense foyer, prêt à s'allumer. Mais Nana Sahih, avec raison, ne voulait s'en rapporter qu'à lui seul du soin de visiter les anciens partisans de l'insurrection de 1857, tous ces natifs, qui, restés fidèles à sa cause et n'ayant jamais cru à sa mort, s'attendaient à le voir reparaître de jour en jour.

Un mois après son arrivée au pâl de Tandît, Nana Sahib crut pouvoir agir en toute sécurité. Il pensa que le fait de sa réapparition dans la province avait été reconnu faux. Des affidés le tenaient au courant de tout ce que le gouverneur de la présidence de Bombay avait fait pour opérer sa capture. Il savait que, pendant les premiers jours, l'autorité s'était livrée aux recherches les plus actives, mais sans résultat. Le pêcheur d'Aurungabad, l'ancien prisonnier du Nana, était tombé sous le poignard, et nul n'avait pu soupçonner que le faquir fugitif fût le nabab Dandou-Pant, dont la tête venait d'être mise à prix. Une semaine après, les rumeurs s'apaisèrent, les aspirants à la prime de deux mille livres perdirent tout espoir, et le nom de Nana Sahib retomba dans l'oubli.

Le nabab put donc agir de sa personne, et, sans craindre d'être reconnu, recommencer sa campagne insurrectionnelle. Tantôt sous le costume d'un parsi, tantôt sous celui d'un simple raïot, un jour seul, un autre accompagné de son frère, il commença à s'éloigner du pâl de Tandît, à remonter vers le nord, de l'autre côté de la Nerbudda, et même au delà du revers septentrional des Vindhyas.

Un espion, qui eût voulu le suivre dans toutes ses démarches, l'aurait trouvé à Indore, dès le 12 avril.

Là, dans cette capitale du royaume d'Holcar, Nana Sahib, tout en conservant le plus strict incognito, se mit en communication avec la nombreuse population rurale, employée à la culture des champs de pavots. C'étaient des Rihillas, des Mékranis, des Valayalis, ardents, courageux, fanatiques, pour la plupart Cipayes déserteurs de l'armée native, qui se cachaient sous l'habit du paysan indou.

Puis, Nana Sahib passa la Betwa, affluent de la Jumna, qui court vers le nord, sur la frontière occidentale du Bundelkund, et, le 19 avril, à travers une magnifique vallée dans laquelle les dattiers et les manguiers se multiplient à profusion, il arrivait à Souari.

Là s'élèvent de curieuses constructions, d'une très haute antiquité. Ce sont des « tôpes », sortes de tumuli, coiffés de dômes hémisphériques, qui forment le groupe principal de Saldhara, au nord de la vallée. De ces monuments funéraires, de ces demeures des morts, dont les autels, consacrés aux rites bouddhiques, sont abrités sous des parasols de pierre, de ces tombes vides depuis tant de siècles, sortirent, à la voix de Nana Sahib, des centaines de fugitifs. Enfouis dans ces ruines pour échapper aux terribles représailles des Anglais, un mot suffit à leur faire comprendre ce que le nabab attendait de leur concours; un geste suffirait, l'heure venue, à les jeter en masse sur les envahisseurs.

Le 24 avril, Nana Sahib était à Bhilsa, le chef-lieu d'un district important du Malwa, et, dans les ruines de l'ancienne ville, il rassemblait des éléments de révolte, que ne lui eût pas fournis la nouvelle.

Le 27 avril, Nana Sahib atteignit Raygurh, près de la frontière du royaume de Pannah, et, le 30, les restes de la vieille cité de Sangor, non loin de l'endroit où le général sir Hugh Rose livra aux insurgés une sanglante bataille, qui lui donna, avec le col de Maudanpore, la clef des défilés des Vindhyas.

Là, le nabab fut rejoint par son frère, que Kâlagani accompagnait, et tous deux se firent connaître des chefs des principales tribus, dont ils étaient absolument sûrs. Dans ces conciliabules, les préliminaires d'une insurrection générale furent discutés et arrêtés. Tandis que Nana Sahib et Balao Rao opéreraient au sud, leurs alliés devaient manœuvre sur le revers septentrional des Vindhyas.

Avant de regagner la vallée de la Nerbudda, les deux frères voulurent encore visiter le royaume de Pannah. Ils s'aventurèrent le long de la Keyne, sous le couvert de teks géants, de bambous colosses, à l'abri de ces innombrables multipliants qui semblent destinés à envahir l'Inde entière. Là, furent enrôlés de nombreux et farouches adeptes parmi ce misérable personnel qui exploite, pour le compte du rajah, les riches mines diamantifères du territoire. Ce rajah, dit M. Rousselet, « comprenant la position que fait la domination anglaise aux princes du Bundelkund, a préféré le rôle d'un riche propriétaire foncier à celui d'un insignifiant principicule. » Riche propriétaire, il l'est en effet! La région adamantifère qu'il possède s'étend sur une longueur de trente kilomètres au nord de Pannah, et l'exploitation de ses mines de diamants, les plus estimés sur les marchés de Bénarès et d'Allahabad, emploie un grand nombre d'Indous. Mais, chez ces malheureux, soumis aux plus durs travaux, que le rajah fait décapiter dès que baisse le rendement de la mine, Nana Sahib devait trouver des milliers de partisans, prêts à se faire tuer pour l'indépendance de leur pays, et il les trouva.

A partir de ce point, les deux frères redescendirent vers la Nerbudda, afin de regagner le pâl de Tandît. Cependant, avant d'aller provoquer le soulèvement du sud, qui devait coïncider avec celui du nord, ils voulurent s'arrêter à Bhopal. C'est une importante ville musulmane, qui est restée la capitale de l'islamisme dans l'Inde, et dont la bégum demeura fidèle aux Anglais pendant toute la période insurrectionnelle.

Nana Sahib et Balao Rao, accompagnés d'une douzaine de Gounds, arrivèrent à Bhopal, le 24 mai, dernier jour de ces fêtes du Moharum, instituées pour célébrer le renouvellement de l'année musulmane. Tous deux avaient revêtu le costume des « joguis », sinistres mendiants religieux, armés de longs poignards à lame arrondie, dont ils se frappent par fanatisme, mais sans grand mal ni danger.

Les deux frères, méconnaissables sous ce déguisement, avaient suivi la procession dans les rues de la ville, au milieu des nombreux éléphants, qui portaient sur leurs dos des « tadzias », sorte de petits temples hauts de vingt pieds; ils avaient pu se mêler aux musulmans, richement vêtus de tuniques brodées d'or et coiffés de toques de mousseline; ils s'étaient confondus dans les rangs des musiciens, des soldats, des bayadères, des jeunes gens travestis en femmes, — bizarre agglomération qui donnait à cette cérémonie une tournure carnavalesque. Avec ces Indous de toutes sortes, dans lesquels ils comptaient de nombreux fidèles, ils avaient pu échanger une sorte de signe maçonnique, familier aux anciens révoltés de 1857.

Le soir venu, tout ce monde s'était porté vers le lac qui baigne le faubourg oriental de la ville.

Là, au milieu de cris assourdissants, de détonations d'armes à feu, de crépitations de pétards, à la lueur de milliers de torches, tous ces fanatiques précipitèrent les tadzias dans les eaux du lac. Les fêtes du Moharum étaient finies.

A ce moment, Nana Sahib sentit une main se poser sur son épaule. Il se retourna. Un Bengali était à ses côtés.

Nana Sahib reconnut en cet Indou un de ses anciens compagnons d'armes de Lucknow. Il l'interrogea du regard.

Le Bengali se borna à murmurer les mots suivants,

que Nana Sahib entendit sans qu'un geste eût trahi son émotion.

« Le colonel Munro a quitté Calcutta.

— Où est-il?

— Il était hier à Bénarès.

— Où va-t-il?

— A la frontière du Népaul.

— Dans quel but?

— Pour y séjourner quelques mois.

— Et ensuite ?...

— Revenir à Bombay. »

Un sifflement retentit. Un Indou, se glissant à travers la foule, arriva près de Nana Sahib.

C'était Kâlagani.

« Pars à l'instant, dit le nabab. Rejoins Munro qui remonte vers le nord. Attache-toi à lui. Impose-toi par quelque service rendu, et risque ta vie, s'il le faut. Ne le quitte pas avant qu'il n'ait redescendu au delà des Vindhyas, jusqu'à la vallée de la Nerbudda. Alors, mais alors seulement, viens me donner avis de sa présence. »

Kâlagani se contenta de répondre par un signe affirmatif, et disparut dans la foule. Un geste du nabab était pour lui un ordre. Dix minutes après, il avait quitté Bhopal.

A ce moment, Balao Rao s'approcha de son frère

« Il est temps de partir, lui dit-il.

— Oui, répondit Nana Sahib, et il faut que nous soyons avant le jour au pâl de Tandît.

— En route. »

Tous deux, suivis de leurs Gounds, remontèrent la rive septentrionale du lac jusqu'à une ferme isolée. Là, des chevaux les attendaient pour eux et leur escorte. C'étaient de ces chevaux rapides, auxquels on donne une nourriture très épicée, et qui peuvent faire cinquante milles dans une seule nuit. A huit heures, ils galopaient sur la route de Bhopal aux Vindhyas.

Si le nabab voulait arriver avant l'aube au pâl de Tandît, ce n'était que par mesure de prudence. Mieux valait, en effet, que son retour dans la vallée passât inaperçu.

La petite troupe marcha donc de toute la vitesse de ses chevaux.

Nana Sahib et Balao Rao, l'un près de l'autre, ne se parlaient pas, mais la même pensée occupait leur esprit. De cette excursion au delà des Vindhyas, ils rapportèrent plus que l'espoir, la certitude que d'innombrables partisans se ralliaient à leur cause. Le plateau central de l'Inde était tout entier dans leurs mains. Les cantonnements militaires, répartis sur ce vaste territoire, ne pourraient résister aux premiers assauts des insurgés. Leur anéantissement ferait place libre à la révolte, qui ne tarderait pas à élever d'un littoral à l'autre toute une muraille d'Indous fanatisés, contre laquelle viendrait se briser l'armée royale.

Mais, en même temps, Nana Sahib songeait à cet heureux coup du sort, qui allait lui livrer Munro. Le colonel venait enfin de quitter Calcutta, où il était difficile de l'atteindre. Désormais, aucun de ses mouvements n'échapperait au nabab. Sans qu'il pût s'en douter, la main de Kâlagani le guiderait vers cette sauvage contrée des Vindhyas, et, là, nul ne pourrait le soustraire au supplice que lui réservait la haine de Nana Sahib.

Balao Rao ne savait rien encore de ce qui s'était dit entre le Bengali et son frère. Ce ne fut qu'aux abords du pâl de Tandît, pendant que les chevaux soufflaient un instant, que Nana Sahib se borna à le lui apprendre en ces termes :

« Munro a quitté Calcutta et se dirige vers Bombay.

— La route de Bombay, s'écria Balao Rao, va jusqu'au rivage de l'océan Indien !

— La route de Bombay, cette fois, répondit Nana Sahib, s'arrêtera aux Vindhyas ! »

Cette réponse disait tout.

Les chevaux repartirent au galop et se lancèrent à

travers le massif d'arbres, qui se dressait à la lisière de la vallée de la Nerbudda.

Il était alors cinq heures du matin. Le jour commençait à se faire. Nana Sahib, Balao Rao et leurs compagnons venaient d'arriver au lit torrentueux du Nazzur, qui montait vers le pâl.

Les chevaux s'arrêtèrent en cet endroit et furent laissés à la garde de deux Gounds, chargés de les conduire au plus proche village.

Les autres suivirent les deux frères, qui gravissaient les marches tremblantes sous l'eau du torrent.

Tout était tranquille. Les premiers bruits du jour n'avaient pas encore interrompu le silence de la nuit.

Soudain, un coup de feu éclata et fut suivi de plusieurs autres. En même temps, ces cris se faisaient entendre :

« Hurrah ! hurrah ! en avant ! »

Un officier, précédant une cinquantaine de soldats de l'armée royale, apparut sur la crête du pâl.

« Feu ! Que pas un ne s'échappe ! » cria-t-il encore.

Nouvelle décharge, dirigée presque à bout portant sur le groupe de Gounds qui entourait Nana Sahib et son frère.

Cinq ou six Indous tombèrent. Les autres, se rejetant dans le lit du Nazzur, disparurent sous les premiers arbres de la forêt.

« Nana Sahib! Nana Sahib! » crièrent les Anglais, en s'engageant dans l'étroit ravin.

Alors, un de ceux qui avaient été frappés mortellement, se redressa, la main tendue vers eux.

« Mort aux envahisseurs! » cria-t-il d'une voix terrible encore, et il retomba sans mouvement.

L'officier s'approcha du cadavre.

« Est-ce bien Nana Sahib? demanda-t-il.

— C'est lui, répondirent deux soldats du détachement, qui, pour avoir tenu garnison à Cawnpore, connaissaient parfaitement le nabab.

— Aux autres, maintenant! » cria l'officier.

Et tout le détachement se jeta dans la forêt à la poursuite des Gounds.

A peine avait-il disparu, qu'une ombre se glissait sur l'escarpement que couronnait le pâl.

C'était la Flamme Errante, enveloppée d'un long pagne brun, que le cordon d'un langouti serrait à la ceinture.

La veille au soir, cette folle avait été le guide inconscient de l'officier anglais et de ses hommes. Rentrée dans la vallée depuis la veille, elle regagnait machinalement le pâl de Tandît, vers lequel une sorte d'instinct la ramenait. Mais, cette fois, l'étrange créature, que l'on croyait muette, laissait échapper de ses lèvres un nom, rien qu'un seul, celui du massacreur de Cawnpore !

« Nana Sahib ! Nana Sahib ! » répétait-elle, comme si l'image du nabab, par quelque inexplicable pressentiment, se fût dressée dans son souvenir.

Ce nom fit tressaillir l'officier. Il s'attacha aux pas de la folle. Celle-ci ne parut pas même le voir, ni les soldats qui la suivirent jusqu'au pâl. Était-ce donc là que s'était refugié le nabab dont la tête était mise à prix ? L'officier prit les mesures nécessaires et fit garder le lit du Nazzur, en attendant le jour. Lorsque Nana Sahib et ses Gounds s'y furent engagés, il les accueillit par une décharge, qui en jeta plusieurs à terre, et, parmi eux, le chef de l'insurrection des Cipayes.

Telle fut la rencontre que le télégraphe signala le jour même au gouverneur de la présidence de Bombay. Ce télégramme se répandit dans toute la péninsule, les journaux le reproduisirent immédiatement, et ce fut ainsi que le colonel Munro put en prendre connaissance à la date du 26 mai, dans la Gazette d'Allahabad.

Il n'y avait pas à douter cette fois de la mort de Nana Sahib. Son identité avait été constatée, et le journal pouvait dire avec raison : « Le royaume de l'Inde n'a plus rien à craindre désormais du cruel rajah qui lui a coûté tant de sang! »

Cependant, la folle, après avoir quitté le pâl, descendait le lit du Nazzur. De ses yeux hagards sortait comme la lueur d'un feu interne, qui se serait soudainement rallumé en elle, et, machinalement, ses lèvres laissaient échapper le nom du nabab.

Elle arriva ainsi à l'endroit où gisaient les cadavres, et s'arrêta devant celui qui avait été reconnu par les soldats de Lucknow. La figure contractée de ce mort semblait encore menacer. On eût dit qu'après n'avoir vécu que pour la vengeance, la haine survivait en lui.

La folle s'agenouilla, posa ses deux mains sur ce corps troué de balles, dont le sang tacha les plis de son pagne. Elle le regarda longuement, puis, se relevant et secouant la tête, elle descendit lentement le lit du Nazzur.

Mais alors, la Flamme Errante était retombée dans son indifférence habituelle, et sa bouche ne répétait plus le nom maudit de Nana Sahib.

FIN DE LA PREMIÈRE PARTIE

TABLE DES MATIÈRES

DE LA PREMIÈRE PARTIE

Paris. — Imp. Gauthier-Villars, 55, quai des Grands-Augustins.

www.ingramcontent.com/pod-product-compliance
Lightning Source LLC
LaVergne TN
LVHW020616110826
845149LV00002B/490
9782011887603